汪滔

让梦想飞得更高

高 林◎著

SPM 南方传媒 | 广东经济出版社
·广 州·

图书在版编目（CIP）数据

汪滔：让梦想飞得更高 / 高林著. —广州：广东经济出版社，2023. 1
ISBN 978-7-5454-8527-1

Ⅰ. ①汪… Ⅱ. ①高… Ⅲ. ①汪滔—传记 Ⅳ. ①K825.38

中国版本图书馆CIP数据核字（2022）第193146号

责任编辑：蒋先润　谢善德
责任校对：李　兰
责任技编：陆俊帆

汪滔：让梦想飞得更高
WANG TAO：RANG MENGXIANG FEI DE GENG GAO

出版人	李　鹏
出　版 发　行	广东经济出版社（广州市环市东路水荫路11号11～12楼）
经　销	全国新华书店
印　刷	广东鹏腾宇文化创新有限公司 （珠海市高新区唐家湾镇科技九路88号10栋）
开　本	889 毫米 × 1194 毫米　1/32
印　张	7. 75
字　数	166 千字
版　次	2023 年 1 月第 1 版
印　次	2023 年 1 月第 1 次
书　号	ISBN 978-7-5454-8527-1
定　价	55. 00元

图书营销中心地址：广州市环市东路水荫路11号11楼
电话：（020）87393830　邮政编码：510075
如发现印装质量问题，影响阅读，请与本社联系
广东经济出版社常年法律顾问：胡志海律师

前　言

preface

为梦想而飞

汪滔的飞行梦想，始于童年。

在接受《福布斯》杂志专访时，汪滔谈到儿时读过一本漫画书《动脑筋爷爷》，书中的红色直升机点燃了汪滔对飞行机器的兴趣，令其不止一次产生无限的遐想："如果自己也能做出一架类似的可以自动飞行的直升机来，该有多好！"

相比其他童年小伙伴，家境优渥的汪滔自小便能实现"玩具自由"。汪滔偏爱航模，高中时，他父亲送了他一架价值不菲的遥控直升机。但这架直升机功能简单，操纵起来也不灵活，后来因电量耗尽而"坠机"，这令汪滔十分沮丧。那时汪滔的心中就埋下了一颗信念的种子，产生了更强烈的飞行执念：有朝一日自己也要造一架可以灵活操纵、能够在空中悬停的真正意义上的航模。

高中毕业后，汪滔考入华东师范大学（以下简称"华东师大"）电子系。经过三年的大学生活，汪滔却发现现实同其飞行梦想渐行渐远。大三时，他做出了一个重大决定——从华东师大退学，并向麻省理工、斯坦福大学等顶尖理工科院校发送了申请，最终他被香港科技大学（以下简称“港科大”）录取。

入读港科大，是汪滔实现梦想道路上的战略转折点。首先，在港科大，汪滔开始接触真正意义上的飞行控制技术研究。临近毕业时，汪滔选择将遥控直升机的飞行控制技术作为自己的毕业设计课题。其次，汪滔结识了人生中的贵人——指导老师兼大疆孵化人李泽湘。

2006年，还在港科大读研的汪滔带领团队在 RoboCon 亚太大学生机器人大赛中，取得了亚洲第三的成绩。已经初步成型的飞行控制系统，加上不错的比赛成绩，让汪滔萌生了将直升机飞行控制系统商业化的想法。在导师李泽湘的极力鼓励下，汪滔前往深圳创立了深圳市大疆创新科技有限公司（以下简称“大疆”）。

汪滔将大疆形容为“一个创新的乌托邦”，他的创业梦想是为“中国制造”正名。汪滔表示：“文化、价值观、产品的二等公民我做腻了，期待我们的产品也可以早日让美国五体投地！”

令世界惊艳的无人机产品在酝酿中，极客出身的汪滔让大疆掌握了无人机核心飞行控制技术，同时，汪滔又是一个极度重视工业美学的人。他在内部工作群中分享过史蒂夫·乔布斯在《遗失的访谈》里说过的一句话：“真正的魔法，是用五千个点子磨出一个产品，好想法要变成好产品，需要大量的加工。”

在港科大教授李泽湘看来，汪滔是一个认真做产品的人，不追风口，不随大流，其更倾向于不计任何代价做出一款完美的产品。他只想把产品做好，让更多人重新认识“中国制造”。

2012年，大疆第一款消费级多旋翼无人机产品——大疆精灵Phantom 1横空出世。汪滔凭一己之力撬开了消费级无人机市场的大门。沙利文公司分析师迈克尔·布雷兹曾这样评价：“大疆开创了非专业无人驾驶飞行器市场，现在所有人都在追赶大疆的脚步。”

汪滔带领大疆先轻取欧美，再转战国内，得到了欧美、日本等高端市场客户的认可。凭借在无人机领域积累的核心技术、快速的产品迭代和极致的成本控制，大疆几乎击败了海内外的所有跟随者、竞争对手，使得对手们或裁员，或关门，或转型。美国3D Robotics 无人机公司创始人、《长尾理论》一书的作者克里斯·安德森说：“我从未见过哪个市场出现过这样的降价……除了大疆，都是输家。”

2016年，大疆占据了全球消费级无人机行业80%以上的市场份额，这让外国消费者对中国产品争相追随，汪滔兑现了“我们的产品也可以早日让美国五体投地”的诺言。美国《时代周刊》称，大疆精灵系列无人机是有史以来最具影响力的50件科技产品之一。

放眼当今全球无人机市场，如果大疆自称第二，就无人敢称第一。就连极少肯定中国科技企业的《华尔街日报》，也为大疆贴上了“首个在全球主要科技消费产品领域成为先锋者的中国企业”的标签。

根据IDC的数据，截至2021年第二季度，大疆占据着全球消费级无人机市场70%以上的份额，在全球民用无人机企业中排名第一。在消费级无人机行业，大疆拥有绝对的技术壁垒和话语权，是行业的主导者和引领者。

国外经常有人说大疆“不像一家中国公司”，而汪滔本人则被认为是中国科技圈最像史蒂夫·乔布斯的公司创始人。两人有不少相同的特质：自信、专注、追求完美、独断专行。

汪滔自信中略带自狂地表示：“我很欣赏史蒂夫·乔布斯的一些想法，但世上没有一个人是让我真正佩服的。你所要做的就是比别人更聪明——这就需要你与大众保持距离。如果你能创造出这种距离，就意味着你成功了。”

硬核的汪滔还毫不客气地指出：“这个世界太笨了，笨得不可思议。工作以后发现，不靠谱的人和事太多了，这个社会原来这么愚蠢，包括很多很出名的人。”

或许恰恰是有了偏执狂的创始人汪滔，才有了让业界仰视的先锋企业大疆。

成为消费级无人机行业的世界第一，并不是汪滔梦想的终点，他仍在带领大疆不断跳出舒适圈，探索新的业务边界，寻找第二增长曲线。

今天的大疆已不只是无人机公司，其产品已经延伸到了云台、运动相机、口袋相机、稳定器、教育机器人、电影摄影机、自动驾驶系统，覆盖消费级、专业级、行业级等多个市场。大疆在一份发给投资机构的融资材料中提及未来理想的营收结构是：50%来自无人机、25%来自影像板块、25%来自新业务。

在大疆官方网站上，大疆是这样介绍自己的：“DJI大疆创新致力于持续推动人类进步，自2006年成立以来，在无人机、手持影像、机器人教育及更多前沿创新领域不断革新技术产品与解决方案，重塑人们的生产和生活方式。DJI大疆创新将与全球合作伙伴携手开拓空间智能时代，让科技之美超越想象。”

我们期待大疆能给用户带来越来越多的超越想象的科技之美，能够走得更远！也希望汪滔的梦想能够超越想象，飞得更高！

高 林

2022年夏

目录

Contents

第4章 碾压对手：降维打击国内外的竞争对手

第5章 行业霸主：垄断全球消费级无人机市场

第6章 潜在挑战：当消费级无人机遭遇天花板

第7章 跨界尝试：若不跨界，对手就会来打劫

第8章 产品逻辑：重研发轻销售的工程师思维

第9章 大道无疆：汪滔的成长与大疆的未来展望

第1章

求学之路：
成功永远留给怀揣&挑战梦想的人

我觉得自己的性格里有天真的成分，从小喜欢一个东西，就希望把它变成现实。也许这就是大家所说的，唯有偏执才能有大成吧。

——汪　滔

1 飞行执念：兴趣是最好的指路人

“在我们的一生中，至少有这么一次，我们会拥有一家自己的公司。”

当年史蒂夫·乔布斯这么对斯蒂夫·盖瑞·沃兹尼亚克说。后者后来回忆：“想到那种情景我就兴奋，两个最要好的朋友创办一家公司，天哪，我立马同意了，我怎么可能拒绝？”

创业，不是一件轻松的事。在《创业维艰》一书中，本·霍洛维茨这样总结自己的创业生涯：“在担任CEO的8年多时间里，我只有3天是顺境，剩下的8年几乎都是举步维艰。”面对逆境，我们唯有练就逆商（AQ），挑战它们，才能最终征服它们。

我们都有过这样的切身体会：当做自己真正感兴趣的事情的时候，我们会花很多时间在上面，废寝忘食、乐此不疲。创业也不例外，当创业者从事自己感兴趣的行业或项目时，成功的概率要比做自己不喜欢的行业或项目高得多。

兴趣是最好的创业后盾，是一个人做事的原动力，靠别人打鸡血不可能长远和成功。因为有了兴趣，所以挫折就不再是挫折，痛苦也不再是痛苦，这一切就都成了追求兴趣路上的美好体验，成了一种享受。

史玉柱做网游就是受兴趣驱动。他自称平时没有什么别的爱好，就是喜欢打游戏，而且是喜欢带着问题、换角度去看待游戏和玩游戏。在痴迷于网游、成为骨灰级玩家的过程中，史玉柱找到了游戏的切入点，这才让他构建出《征途》那样玩游戏免费、买道具付费的颠覆性商业模式。

马化腾的腾讯帝国，起初也是玩出来的，也是受兴趣驱动。他曾说："发现自己的兴趣、渴望、理想，专注地去发挥自己最擅长的那个部分，就是有梦想有行动力的创业者，在哪都能创造和贡献自己的价值。这也是我们国家、我们民族重点倡导的创业精神。"

"兴趣"一词在心理学上的解释是：在需要的基础上产生的、认识某种事物或者从事某项活动的心理倾向，表现为从事活动的选择性态度和积极的情绪反应。可以说，这种"倾向性"是人从事某项活动的基本动力，这种基本动力决定了人对现实的态度和选择趋向。

不少创业者都有自己独特的兴趣、爱好、特长。因为是自己的兴趣与爱好，所以这些创业者就愿意为此付出并保持巨大的热情，能够无怨无悔地长期沉浸在自己的产品、服务中。他们刚开始也没有期望获得什么回报，更没有说要建成什么公司、做成什么伟大的事业。

兴趣是最好的事业指路人。汪滔的创业征程，也始于兴趣。

《福布斯》杂志对汪滔进行专访时，提出了这样一个问题："你什么时候开始对飞行机器人产生兴趣的？"

汪滔的回答是："20世纪80年代中国有一套漫画书，叫作《动脑筋爷爷》，里面有一架红色的直升机，我记得很清楚。

想着未来我可以做一架一模一样的直升机，可以跟着我徒步旅行或坐火车，并用照相机把图像发送给我。其实当时我还不知道照相机的概念。我只是想要飞翔。现在即使我自己不能飞，但是有一个小飞机，看着它飞我也很高兴了。”

汪滔是典型的“80后”，1980年出生于杭州一个经济殷实的家庭。父亲是一名工程师，母亲原来是一名教师，后来下海创业，成了一个小企业主。

在汪滔很小的时候，由于父母忙于工作，疏于陪伴、照料汪滔，于是汪滔通过玩游戏、看漫画书来打发上学之余的时间。这些业余爱好给他带来了相当大的精神慰藉，同时，一些同天空和飞行有关的兴趣因子也在冥冥之中被植入到汪滔的精神世界里。

尤其是一套名为《动脑筋爷爷》的漫画书给童年的汪滔留下了深刻的印象。书中的红色直升机在其脑海中刻下了难以磨灭的印记，让汪滔对直升机爱不释手，且不止一次产生无限的遐想：“如果自己也能做出一架类似的可以自动飞行的直升机来，该有多好！”

相对于大部分孩子而言，汪滔是幸运的，因为他能在某种程度上实现“玩具自由”，而漫画书中的直升机让汪滔更偏爱航模。高中阶段，由于学习成绩一般，汪滔的父亲为了激励他上进，曾承诺，如果他在考试中获得理想的成绩，就能得到一架价值不菲的遥控直升机。

在那个年代，遥控直升机是非常罕见的，是玩具中的奢侈品，这对痴迷于航模的汪滔来说是一个极大的诱惑。迫切渴望得到遥控直升机的汪滔，果然将热情转化为学习的动力，开始努力学习。后来，他如愿以偿地在考试中获得了理想的成绩，他父亲也兑现了承诺。汪滔得到了自己梦寐以求的最新款遥控直升机。

这款遥控直升机，相较于今日风靡世界的大疆无人机，可谓十分简陋，功能也极其有限，只能做一些诸如上行、下行、前进、转弯等简单的动作，在操纵上也不太灵活，其最大的硬伤在于电池储电量有限，续航力不足，甚至极有可能让飞机在飞行中由于电量耗尽而坠落。

果然，汪滔的遥控直升机就遭遇了这种不幸，摔得散了架，飞速旋转的螺旋桨还划伤了他的手，这一度令其非常沮丧。汪滔对遥控直升机就此报废很不甘心，于是试图修复这架遥控直升机，但这需要他联系厂家进行售后维修。父亲让汪滔自行处理，并建议他同厂家进行沟通，让对方更换坏掉的零部件。社会经验不足的汪滔，只好硬着头皮同远在香港的玩具厂家进行沟通，最终争取到了自己想要的结果。不过，等汪滔收到厂家寄来的零部件时，已经过去几个月了。

在汪滔这名资深航模用户心里，真正意义上的遥控直升机是可以随意操控的高级货，不仅能够灵活操控，续航力持久，而且能够悬停在空中不动，但现实中的遥控直升机与他所想的相距甚远。

或许，从那时开始，汪滔就在心中埋下了一颗信念的种子，产生了一种执念：有朝一日自己也要造一架能够灵活操控、可以在空中悬停的真正意义上的直升机航模。

2 退学华东师大，入读港科大

高中毕业后，汪滔以优异的成绩考入了华东师范大学电子系，入读电子专业。在亲朋好友眼中，汪滔的高考成绩和录取院校已经相当理想。

汪滔对这一归宿并不满意，他的理想是成为一名科学家，而华东师范大学属师范类院校，重点学科为教育科学（包括教育学、心理学、体育学）、地球科学（包括地理学、生态学）等，汪滔所在的电子系并非华东师范大学的优势学科。

眼看平淡无奇的大学生涯即将结束，怀着飞行执念和科学家梦想的汪滔，担心自己会在大学中彻底沦为平庸之辈，同理想渐行渐远，终于在大三那年做出一个重大决定：从华东师范大学退学，申请前往更适合自己的理工科、研究型名校就读。

汪滔的这一决定，很自然地令人联想起一些名字——史蒂夫·乔布斯、比尔·盖茨、拉里·埃里森，他们都有一个共同点——退学者。为了追求梦想，他们时不我待，即使是身处世界名校，也毫不犹豫地选择退学，只为拥抱未来、实现梦想。

从伊利诺伊大学退学创立甲骨文公司的拉里·埃里森曾经在耶鲁大学向学子们发表过一场“张狂”的演讲——

“耶鲁的学生们，我很抱歉——如果你们不喜欢这样的开场。我想请你们做一件事。请你看看你的周围，看看你左边的同学，再看看你右边的同学。

请你假设这样的场景：从现在开始起，5年之后，10年之后或30年之后，今天站在你左边的人，将会是一个失败者；站在你右边的人，同样也会是个失败者。而你，站在中间的家伙，你以为会怎样？同样是失败者。你们都有失败的经历，你们都是失败的优等生。

说实话，我站在这里，并没有看到1000名毕业生的光明未来，我没有看到1000个行业中的1000名卓越领导者，我看到的是1000名失败者。

你们对此感到沮丧，这是可以理解的。为什么？我，拉里·埃里森，一个退学生，竟然能够在美国最具声望的学府里这样厚颜无耻地散布‘异端’。为什么？我来告诉你们原因。因为，我，拉里·埃里森，这个星球第二富有的人，是一个退学生，而你们不是。因为比尔·盖茨，这个星球上最富有的人——就目前而言——是个退学生，而你们不是。因为艾伦（保罗·艾伦，微软创始人之一），这个星球上第三富有的人，也退了学，而你们没有。

再来一点证据吧，因为戴尔（迈克尔·戴尔，戴尔公司创始人），这个星球上第九富有的人——他的排位还在不断上升，也是个退学生，而你们不是。

你们非常沮丧，这是可以理解的……因为你们没有辍学，所以你们永远不会成为世界上最富有的人。

……

2000年的毕业生，你们已经被报销，不予考虑了。我想，你们就偷偷摸摸去干那年薪20万（美元）的可怜工作吧，在那里，工资单是由你们两年前辍学的同班同学签字开出来的。事实上，我是寄希望于眼下还没有毕业的同学。我要对他们说：离开这里！收拾好你们的东西，带着你们的点子，别再回来。退学吧，开始行动！

我要告诉你们，一顶帽子一套学位服必然让你们沦落，就像这些保安马上要把我从这个讲台上撵走一样……”

（此时，埃里森被带离了讲台）

除了埃里森和他所提及的比尔·盖茨、保罗·艾伦、迈克尔·戴尔之外，退学创业的科技大佬还有很多，如从密歇根大学退学创立谷歌的拉里·佩奇、从密苏里科技大学退学创立推特的杰克·多西、从圣何塞州立大学退学创立 WhatsApp 的简·库姆。

埃里森在耶鲁大学的那场演讲发生于2000年，汪滔决定从华东师范大学退学是在2003年，我们不知道其中是否存在因果关联，但可以肯定的是，汪滔同那些在大洋彼岸选择退学创业的科技大佬们存在某些共同的特质。

不过，汪滔选择退学并非为了创业，而是为了寻找更有助于他实现梦想的理想学府。

汪滔的目标是海外顶尖名校。当时国内学生申请海外院校都属于学校独立招生范畴，因此是否录取都由学校自行决定，并没有一个严格的标准界限。

为此，汪滔没少下功夫，他向美国顶尖理工科高校麻省理工学院和斯坦福大学发出了申请。

麻省理工学院是世界著名的私立研究型大学，素以顶尖的工程与技术专业著称，拥有麻省理工学院计算机科学与人工智能实验室（MIT CSAIL）、林肯实验室（MIT Lincoln Lab）和麻省理工学院媒体实验室（MIT Media Lab），是顶尖工程技术人员的摇篮。

而位于美国硅谷（诞生了Facebook、苹果、英特尔、惠普、思科、朗讯、英伟达、谷歌、雅虎等科技巨头）的斯坦福大学被誉为“硅谷缔造者”，公认的“硅谷之父”弗雷德·特曼自小就是在斯坦福校园里长大的。特曼在斯坦福大学获得化学和电子工程两个硕士学位，后来筹建了硅谷。

遗憾的是，这两所顶尖的美国高校都拒绝了汪滔的申请。汪滔退而求其次，申请香港科技大学，最终收到了香港科技大学电子工程系的录取通知书。

3 毕业成绩为C，美国名校梦破灭

给汪滔发来录取通知书的香港科技大学，是一所年轻的大学，成立于1991年，发展迅速，在2018—2020年泰晤士高等教育年轻大学排名中连续三年高居榜首，在2022QS世界大学排名第34。

香港科技大学是世界知名的研究型大学，以科技和商业管理专业为主，人文及社会科学并重，尤以商科和工科见长。

2003年拿到香港科技大学录取通知书的汪滔，无论如何都不可能想象到，20年后他会名列香港科技大学知名校友行列且位居第一。

汪滔如愿以偿地进入了香港科技大学，入读电子工程专业。在前三年的大学生涯中，如同在华东师范大学一般，汪滔除了中规中矩的学习经历，并没有异于常人的惊艳之举，找不到人生目标一度令汪滔很迷茫。

转眼间到了2005年，还有一年就要毕业，大三的同学纷纷开始准备毕业设计课题。汪滔仍然没有忘记儿时的飞行梦想，决定将遥控直升机的飞行控制系统作为自己的毕业设计课题。

为鼓励学生创新，香港科技大学历来对学生的研究活动予以大力支持。汪滔也从学校为自己的飞行控制科研项目争取到了1.8万港元的科研资金。

为了完成这一关键的科研课题，汪滔还找来了两名同学一同研究。遥控直升机飞行控制系统研究包含三大模块：直升机机体结构、动力系统和控制系统。汪滔和科研伙伴们夜以继日地研究系统编程，还亲自动手组装、接线、焊接组件，目的是让遥控直升机能够在空中自由飞行、悬停。经过数月废寝忘食的拼搏和研究，汪滔终于在毕业前开发出了一套遥控直升机飞行控制系统，但是其性能并不稳定。

汪滔的毕业设计课题是无人机飞行控制系统，指导老师是李泽湘。香港科技大学的毕业设计是按照学科组进行答辩的，汪滔所在的控制组答辩委员会由三名老师组成：做机器人控制的李泽湘，做经典控制的丘立，做智能控制的王立新。

答辩委员会的老师分别带若干个毕业设计小组，学生答辩时统一由三位老师给学生打分，三个分数之和是每位学生成绩的基数，再经全系平衡后得出最终成绩，从高到低依次为：A+、A、A−、B+、B、B−、C、D、F。

打分老师其中之一是学生的毕业设计指导老师，给的分数一般都会较高，因此，学生的总体成绩通常取决于答辩委员会的另外两名老师。

打分环节主要有两个：

第一，答辩环节。由学生做PPT介绍，老师提出问题。在PPT演讲环节，汪滔和小组成员表现得不错，得到了老师们的肯定。

第二，现场演示环节。即学生在相应场地演示自己的科研成果。

不过，汪滔小组的演示环节，李泽湘和丘立两位老师并未参加，王立新后来发文指出：“汪滔他们组的三位同学轮流上去讲，我们都觉得他们做得不错。由于我对工业控制一直很感兴趣（1999—2000年期间我在上海宝钢待了一年，协助他们做冷轧板系统的实体在线仿真模型），所以想去具体看看他们的无人机控制系统软硬件组合，以及飞行演示。于是，我约了他们下午2点在大楼后面草坪看他们的飞行演示。李泽湘是指导老师，当然不去看演示了。丘立是经典控制理论权威、学院派的掌门人与守护神，他可能看不上这些拼拼凑凑的小儿科，也没有表示要去看演示。就这样，下午的演示就只有我一个人去了。”

答辩会在上午进行，汪滔小组的飞行演示安排在了下午，现场除了王立新老师，还有一些观看演示的同学。

演示开始，汪滔的飞行控制系统却出了故障，无论他们怎么操作，直升机始终纹丝不动。十分钟、二十分钟、半小时过去了，汪滔的直升机依然趴在草地上，现场演示环节彻底失败。

王立新对汪滔说：“我给了你半个小时，足够长了。直升机哪怕飞一下再掉下来，也没有问题，因为控制算法需要时间去调试。你们的project没有理论方面的工作，就是把软硬件系统搭建起来，现在你们不能证明已经完成了这项最基本的工作。其他同学也在旁边看着，如果我说你们完成了project，其他同学会投诉我的。为公平起见，我只能给你们一个很低的分数。”

说完，王立新就转身离开了。汪滔的毕业成绩可想而知，很不理想，最终只是个 C（一个很差的成绩）。

汪滔原本计划本科毕业后，再前往美国名校读研究生，但由于美国名校很看重毕业设计成绩，而以汪滔的成绩显然无法被录取，汪滔的美国名校梦再一次破灭。

后来，汪滔功成名就，王立新还特意发文表示："汪滔毕业设计得了个C，主要是因为我。作为唯一在现场给他的毕业设计飞行演示打分的老师，我给了他一个很低的分数，结果导致了C的成绩。大疆科技是中国高科技璀璨的明星，因此这应该是个能载入中国科技发展史的历史事件……我，毁掉了一位潜在的优秀学者，成就了一位伟大的企业家、中国高科技的荣耀。"

4 李泽湘：汪滔的贵人，大疆的孵化者

大学毕业设计课题演示环节失败，汪滔的直升机飞行控制研究被泼了一盆冷水。

不成功的毕业设计展示仅仅让汪滔获得了一个勉强及格的成绩，这让他不仅无缘国外名校，也无法在香港科技大学继续深造。

汪滔面临两个选择，要么以本科毕业生的身份走向社会，去找一份工作，要么重新做毕业课题设计，并争取拿到A级，如此才能够继续留在香港科技大学读研。

祸兮福所倚，福兮祸所伏。庆幸的是，汪滔的老师、机器人技术专家李泽湘并不是一个“唯成绩论”的死板的教育者，他看中了汪滔的特质和潜能，比如他的领导才能和对技术的理解能力，因而强力推荐他继续攻读香港科技大学的硕士学位。“汪滔是否比别人更聪明，这我倒是不清楚。”李泽湘说，“但是，学习成绩优异的人不见得在工作中能表现得非常突出。”

在李泽湘的推荐下，汪滔终于不用选择找工作或重做毕业课题设计，而可以直接留在香港科技大学读研究生。

李泽湘毫无疑问是汪滔成长过程中的贵人，他在汪滔的学习、创业乃至后来大疆的发展历程中，都发挥了重大作用。

出生于1961年的李泽湘，受益于中国恢复高考制度，本来可能将在校办工厂当工人的他，成功考入了中南矿冶学院。

1978年，美国铝业公司代表团访问中国，并表示可以为两名中国大学生提供赴美留学的奖学金名额。尚是中南矿冶学院大一学生的李泽湘被幸运选中，次年便以中国首批公派留学生身份赴美求学。

在美国的十余年间，李泽湘先在卡内基梅隆大学（CMU）拿到电机工程与经济学双学士学位，后又一路在加州大学伯克利分校拿下硕士、博士学位。

1989年，李泽湘前往麻省理工学院人工智能研究所担任研究员，后又在纽约大学工作，并取得教职。工作期间，李泽湘也注意到，即使在美国，硬科技创业也存在很大的障碍和困境，比如在麻省理工学院，有两名机器人技术领域的大咖，他们的产品充满创意，令李泽湘印象深刻，但是却难以产业化，难以投向市场。李泽湘称："美国的供应链并不适合年轻的初创企业做硬件。"

1992年，李泽湘选择回国，加入刚成立不久的香港科技大学，任电子及计算机工程学系教授，创立了自动化技术研究中心并任主任。李泽湘借助香港科技大学平台，开展自动化研究，相继在国际核心期刊发表论文近30篇、在国际核心会议发表论文60多篇，并出版了两本个人著作。

李泽湘还在香港科技大学创办了专注数控研究的3126实验室。正是这个不到100平方米的小房间，后来相继走出了大疆的汪滔、李群自动化的石金博、逸动科技的陶师正等硬科技创业者。

1999年，李泽湘前往深圳创办了固高科技，专门研究机器人在工业领域的应用。当时，中国机器人产业刚刚起步，市场对实验室成果并无太大的需求，李泽湘的创业之路颇为艰辛。如今，固高科技已是我国运动控制领域的领军企业，拥有运动控制技术、伺服驱动技术、机器视觉技术和机械优化设计四个方向的产品。其产品已经进入了60多个行业，累计拥有1700多家客户，业务涉及30多个国家和地区。

在香港科技大学任教的最初几年，李泽湘的教学方法和模式并无特别之处。创立固高科技后，他发现3126实验室的多数学生毕业后都去了硅谷和华尔街，他们既无能力做产业创新，又无此志向。

边教学边创业的经历大大改变了李泽湘的教育理念和教学模式，他开始寻找一种更契合产业需求的工科教育方式。李泽湘后来将之归纳为“新工科”教育。

30年后，李泽湘回头看3126实验室，发现100多名毕业生中有三分之一走上创业道路，创办了28家企业。

李泽湘在“新工科”教育模式上的成功探索和所取得的巨大教育成果，使其入选“40名深圳经济特区建立40周年创新创业人物和先进模范人物”。除了李泽湘，这份名单还包括深圳市腾讯计算机系统有限公司董事会主席兼首席执行官马化腾、中国平安保险（集团）股份有限公司董事长马明哲、招商银行原行长马蔚华、顺丰控股股份有限公司董事长王卫、比亚迪股份有限公司董事长兼总裁王传福等知名企业家。

汪滔作为大疆无人机的创始人并未入选“40名深圳经济特区建立40周年创新创业人物和先进模范人物”，不过，从另一种意义上讲，李泽湘作为其导师入选也能在某种程度上代表汪滔入选，可谓实至名归。

李泽湘的父亲是中学老师，母亲是小学老师，他说："我要把经验不断地总结、传授，以吸引更多年轻人往前走。"

5 完美精灵：直升机飞行控制系统

李泽湘在香港科技大学开设了一门机器人比赛课程，旨在通过8个月的魔鬼式训练，培养学生的动手能力及团队合作能力，尤其是让学生学会运用深圳的供应链来打造产品。据说这门课，汪滔修了两次。

事实上，汪滔从来都没有忘记童年时的梦想：在他的想象中，遥控直升机应该像一个可以被随意操控的精灵，可以悬停在空中不动，也可以飞到任何位置。

为了实现这个梦想，性格倔强的汪滔不仅选修了同直升机飞行控制系统相关的自动化、机器人课程，还曾带领团队两度参加“亚太大学生机器人大赛（ABV Robocon）”，并在第二次比赛中拿到了团队亚洲第三的好成绩。

后来，在接受深圳卫视主持人朱克奇访谈时，汪滔表示：“在香港科技大学读书的时候，对我影响最深远的经历就是参加了Robocon比赛。我从大二开始参加，连续参加2004年、2005年两届。2004年参加时，我们几乎拥有全香港最强大的技术团队，在机器人上面拥有很多先进的技术，但很可惜，由于团队内部的一些矛盾，在关键时刻掉了链子，上场的时候，机器人没有充完电，最后名落孙山。第二年总结了第一年的经验教训，团队合作有了大大提高，大家夜以继日地把作品做出来。最终，我们获得了香港地区冠军和亚太区并列第三的成绩。这对我有深远的影响，不仅技术得到了锻炼，对团队的组织协调能力也得到了很好的锻炼。为得到冠军而努力的背后，要有非常强大的欲望。我学会了这个道理，并把它更好地用在了后面的创业上。”

欲望是人类最基本的属性，是生命的本能，是生命存在和繁衍的必要条件。欲望是生命强大起来的第一推动力。人的行为是由欲望所驱动的。汪滔对直升机飞行控制系统的欲望也非常强。

汪滔曾说：“我觉得自己的性格里有天真的成分，从小喜欢一个东西，就希望把它变成现实。也许这就是大家所说的，唯有偏执才能有大成吧。”

偏执不是固执，对企业家而言，它是一种成就事业的优秀特质。

1996年，安迪·格鲁夫推出了一本震惊业界的新书——《只有偏执狂才能生存》。格鲁夫说：“我常笃信‘只有偏执狂才能生存’这一格言，我不惜冒偏执之名，整天疑虑事情会出岔。”

万科老总王石在“中国企业家论坛”上也曾经明确指出，“偏执+执着+盈利”就是企业家精神。他说，企业家与其他人的不同点是偏执，执着还不能说明问题。企业家的偏执里面包括执着，别人认为不可以，他却认为可以，要把不可能变成可能，而且还要盈利。

史玉柱就是这样的偏执狂。1990年，史玉柱靠在深圳大学蹭机房开发出的M-6401桌面文字处理系统，赚取了第一桶金，整整100万元。1990年1月，史玉柱决定开发新产品——

M–6402。他和助手特意包下深圳大学的两间学生公寓，备好了20箱方便面，便开始了苦行僧般的产品开发之旅。

长达150天的“闭关”，他们收获的是功能更强大的M–6402汉卡。为了M–6402汉卡，史玉柱付出的代价不仅仅是150天的“集中营生活”，当他回到位于深圳宝安大厦的临时住所时，发现妻子已经离开了家。经过半个月的沟通和挽留，妻子最终还是选择了离婚，离他而去。这件事究竟对史玉柱造成了什么样的影响？他本人没有讲过，别人也无从得知。

不久之后，史玉柱注册了一家自己的公司，名字叫做“巨人”。

吉利汽车的创始人李书福，也是个偏执狂般的“汽车疯子”。早在1997年，李书福就放出豪言：“汽车有啥了不起，不就是四个轮子、两部沙发加一个铁壳吗？”外界听后一片嘲笑声，给他扣上了“汽车疯子”“汽车狂人”的帽子。

确实，李书福在创业造车的过程中，从人才、资本、技术、品牌到政府支持，无一亮点，但他就是铁了心要造车，而且高调前行，只求一败。

财经作家吴晓波在评价国内著名的“汽车疯子”——吉利汽车的创始人李书福时，曾这样说：“‘疯子’的说法，很类似于格鲁夫所谓的‘偏执狂’。‘疯子’是一种精神、一种战略，更是一种专注。这个性格倔强、草根本色的浙江台州人不是企业史上的第一个‘疯子’，不过，我们祝福他会是一个修成正果的‘疯子’。”

研究那些成功的创业者后，我们会发现，他们都是非常执着的人，他们身上都存在着“偏执”的特性，他们都有一股“疯劲”。这些“疯子”具有明显的特征——

- 做事执着。
- 勇往直前。
- 专注于目标。
- 一旦确定了方向，绝不偏离。
- 走在路上，振振有词。
- 不到终点，绝不罢休。

汪滔在读研的日子里，也是这样的偏执狂。他执着于自己的目标，毫不动摇地坚持改进自己的直升机飞行控制系统。经过无数个日夜的废寝忘食、挑灯夜战，无数次的改进、完善，终于在2006年1月，汪滔迎来了自己的“完美精灵”——稳定灵活的直升机飞行控制系统的诞生，它能够让遥控直升机灵活自如地完成前进、后退、左转、右转、上升、降落、悬停等动作，而且这些动作都能够一气呵成，堪称完美。

直升机飞行控制系统的研制成功，奠定了汪滔创业的产品基础。

第2章

创业征程：熬过黎明前的黑暗，练就强大逆商

创业两年后，几乎所有的老员工都离职了。他们可能觉得未来会是一个大大的问号……我是一个完美主义者，所以与其他人交流时会造成很多摩擦。

——汪　滔

1 恩师鼓励，汪滔开启创业征程

每一个男人，都希望拥有一家自己的公司。跟随李泽湘读研期间，汪滔也创立了自己的公司——大疆。

汪滔踏上创业征程，李泽湘起了重要的推动作用。

早在美国学习工作期间，李泽湘就深刻地意识到了美国工程师教育体系的先进性和优越性。1951年，斯坦福大学工程学院院长弗雷德·特曼在校园里创办斯坦福科技园，积极鼓励本校师生创业，同时还推出各种优惠政策，吸引社会公司进驻科技园，创立科技公司。

正是特曼的这一决定，让斯坦福科技园成了硅谷的早期雏形，特曼也被视为“硅谷之父”。“研究—应用—产业化”的教学模式和创业生态逐渐成为斯坦福大学的标签，并因此硅谷孕育出了谷歌、惠普、苹果等影响世界的科技公司。

李泽湘加入香港科技大学后，恰逢吴佳伟校长（曾担任旧金山州立大学校长）提出深港（深圳—香港）湾区的理念。一直致力于“将科研成果市场化”的李泽湘，也发现深圳的产业链优势同香港科技大学的教学科研优势彼此互补，于是便在深圳创立了自己的第一家公司——固高科技有限公司。李泽湘表示：“如果在深圳创业，创业者从提出设想到产品面世的速度比硅谷要快5～10倍。需要什么零部件，晚上和师傅说一下，第二天就能拿到货，而成本则是硅谷的1/5甚至更少。”

看到了深港湾区供应链优势和巨大发展潜力的李泽湘，不但自己创业，还鼓励学生创业。李泽湘常常对学生说："不要沉迷于港科大的美景，要干一番事业，到深圳、松山湖去。"

2006年，还在香港科技大学读研的汪滔，在导师李泽湘的鼓励和感召下，和两个同学一道前往深圳，在其舅舅家杂志社的一间不足20平方米的仓库中，创办了大疆，其核心产品就是汪滔在学校开发的直升机飞行控制系统。

汪滔公司的起点很低，办公室很小。"小"并不意味着卑微，只要创始人有信心、有创意、有产品，小公司也可以有很好的未来。美国许多著名的科技公司，都是起家于车库、大学宿舍等不起眼的角落，比如苹果、亚马逊、惠普、谷歌等，但这并不妨碍它们成长为伟大的公司。

事实上，汪滔创业的那间不足20平方米的仓库，也将同柳传志创立联想时所入住的中科院计算所传达室一样，会被后来的媒体反复提及。

创业初期的大疆，基本没有商业模式可言，只是一家产品驱动型的小公司。如果有客户下单，汪滔就带领团队成员为客户定制产品。

据汪滔回忆，2006年，公司成立后不久，大疆就拿到了第一个订单。他们以5万元的价格卖出一台产品，而其成本只有1.5万元，这称得上是暴利。

不过，这种订单非常稀少，由于公司并没有完善的营销模式和销售渠道，也没有足够的费用去打广告，在大多数情况下产品能否卖出去，全凭运气。据汪滔回忆，大疆当初销售产品的主要渠道为"我爱模型"之类的航模爱好者论坛。

尽管客户很少，产品销量有限，但汪滔并没停止产品的研发工作，他和团队成员不断完善自己的飞行控制系统。汪滔指出："即便每个月只卖几十个产品，产品也要成为全世界最好的。"

随着业务的发展，汪滔又将公司搬到莲花北村一间三居室的民房中。但没过多久，他同两名创业合作伙伴就分道扬镳。其中一个同学选择出国留学，另外一个则由于看不到创业公司的希望而出去另找工作。

汪滔遇到了招人难题。"那几年比较艰难，根本招不到优秀的人才。"大疆公司副总裁邵建伙回忆说，"人来了，门一开，看是小作坊，基本上掉头就走。"汪滔回顾创业路，也讲到创业初期聘请员工最困难："许多感觉不是很优秀的人，都瞧不起我们，不愿加入公司，好不容易才招来了三个人。"

面对人力困境，汪滔的心态很从容。在他看来，困难是每个创业者都会遇到的，越有困难越去挑战，困难将变得简单："以积极的心态去面对，最重要的是要有一颗纯粹的心。只有抱着'把事情做好的决心'坚持下去，才能在创业的道路上走得更远。"

2 大疆最初的核心团队

汪滔好不容易招来的三个人分别是陈金颖、卢致辉、陈楚强。

卢致辉是哈尔滨工业大学电信学院大四的学生，加入大疆之前，他在东莞一家公司从事结构设计工作，主要做浴缸控制器，但卢致辉对这份工作并不感兴趣。工作之余，他接到了大疆的面试电话，为了加深对这家公司的了解，下班后卢致辉去了网吧，经过查询才得知关于该公司的一些简单信息：公司创始人毕业于香港科技大学，在校期间曾在机器人大赛中获奖，希望将自己的研究成果产业化，而且大疆公司还参加过2006年的珠海航展。综合这些信息，卢致辉判断对方至少应该不是骗子，于是毅然辞掉了枯燥的工作，带着身上仅有的100元，奔赴深圳。

陈金颖和陈楚强也是在接到大疆的面试电话后选择进入大疆的，同卢致辉一样，他们也都果断放弃了当时的工作。其中，陈楚强的决定更为疯狂，此前他同上家公司已经签署了三年劳动合同，但工作刚满一年，如果选择离职就需要赔偿3万元违约金。陈楚强出身军事世家，同汪滔一样是狂热的飞机发烧友，于是不惜支付违约金，毫不犹豫地选择了加入大疆。陈楚强也因此得到了一个“陈三万”的外号。

三人加入后，汪滔、陈金颖、卢致辉、陈楚强在大疆对应的员工编号分别为0号、1号、2号和3号，这称得上是大疆真正意义上的最初创业团队。在大疆成立最初的两年中，尽管有不少人加入又离开，但核心团队依然是汪滔、陈金颖、卢致辉、陈楚强四人。

四人团队中，只有汪滔是无人机专业背景，他常常需要手把手教其他人无人机技术。同时他也是最拼命的，对产品追求完美，常常为了一个小问题而反复尝试、试错、改进。当时他们的直升机飞行控制系统仍然存在不少问题，比如飞机飞行过程中会抖动。为了解决抖动的问题，汪滔带领团队成员不厌其烦地尝试了四五十种方法，反复实验，反复测试，从而找出最好的解决方法。卢致辉在大学期间出于专业需要就经常做实验，进入大疆后，感觉又回到了实验室。卢致辉说："汪滔是那种为了搞清楚一种东西，从来不放弃的人，不管多麻烦。"

汪滔对细节的完美追求也令合作伙伴们印象深刻。比如，对于一个螺丝拧到何种松紧程度，汪滔都有严格的要求，但是由于工具有限，松紧程度很难做到量化，汪滔就要求其他人用手指头去反复感受，逐渐掌握拧螺丝的技巧。

再比如，遥控飞机上的螺丝有时会松动，为了避免松动就需要加入螺丝胶，但这样又会出现新的问题：如果需要拆开飞机的话，螺丝粘太紧，就很难拧下来。为了解决这个问题，汪滔特意从香港买回了一批螺丝胶，将这批胶分为强、中、弱不同强度属性，并在使用时根据螺丝不同的拆卸频率来对应使用不同强度属性的螺丝胶：对于拆卸频率不高的螺丝就采取中强度的螺丝胶，对于拆卸频率高的螺丝则使用低强度的螺丝胶，而对于从来不需要拆卸的螺丝，则使用高强度的螺丝胶。大疆早期遥控飞机上的数百颗螺丝钉就是按这种匹配模式一颗颗拧上去的。同时，汪滔及其团队还要把控好螺丝钉的松紧度，其细致程度和工作量可见一斑。

大疆成立后的第一年里，由于几乎不做销售工作，汪滔带领四人团队，几乎都泡在实验室中，以解决飞行控制系统存在的技术问题。大家没有上下班的概念，每天都工作十余个小时。汪滔最喜欢在晚上工作，其他团队成员最怕接到的就是汪滔的电话，尤其是晚上。而汪滔灵感出现时，不管几点都会给团队成员打电话，讨论技术问题。发展到后来，陈楚强下班后就直接将手机放入铁盒子里，这样来电就会提示无法接通；陈金颖则选择直接关机；而卢致辉年龄最小，他的电话基本上随时都能打通，因此，汪滔时常会将电话打给他。

那个阶段，四人之间并没有头衔之别，共同挤在一间屋子里，边聊技术问题边修飞机。正如卢致辉的体会一样，大疆的办公室就像是一个遥控飞机的实验室，大家共同为更完美的产品而拼搏。当时的大疆并没有稳定的销售渠道和收入来源，支撑他们的完全是共同的爱好和梦想。

3 汪滔的天使投资人——陆迪

创业第一年，汪滔的小团队埋头做研发，大疆一直处于烧钱阶段。公司运营资金来源主要有两个渠道：一是销售收入，但是很不稳定；二是汪滔的奖学金。

大疆早期的三名核心员工更多也是出于对创新技术的兴趣而选择留下，因为大疆在做的东西让他们都找到了兴奋的感觉。

但这种兴奋的感觉并没有持续太久，到2006年底，公司账上只剩下2万元现金，大疆最艰难的时刻来临了，如果公司在销售上没有突破，且没有外部资金进入的话，将很难熬到2007年。

那时，摆在汪滔面前的选择有两个：一是等账上资金“烧完”，就注销公司，回到香港科技大学完成学业；二是在抓研发的同时，将工作重心转移到营销和销售上，打造公司的“造血”功能，确保收入和现金流。

面对困境，汪滔首先调整了销售策略。以前公司主要销售遥控直升机整机，现在开始化整为零，将遥控飞机拆成零部件——机架、主旋翼、尾桨、平衡翼、舵机、主电机、电池、电子调速器、接收机、发射机、遥控器等，分散销售。

在当时的市场环境下，玩遥控直升机的多是一些航模发烧友，或是专业玩家，大家都是先从各个商家买零件，然后自己组装成整机，享受DIY的过程。

大疆销售策略的调整，在某种程度上改善了公司的现金流，但并没有从根本上改变大疆缺钱的窘境，公司运营仍然捉襟见肘、入不敷出。

事实上，缺钱几乎是所有初创公司的魔咒。

如今已成为超级大佬的马化腾，在创业前期也遇到过揭不开锅的窘境，甚至一度打算把QQ卖掉。

1999年2月，马化腾带领腾讯的创业团队开发了即时网络通信工具——腾讯QQ，放到互联网上供用户免费使用，不到一年就发展了500万用户。QQ暴增的下载量和用户量却没给当时的腾讯带来什么收益，反而成了公司的“包袱”。

如果用两个字来形容当时的腾讯，那就是“缺钱”，对这家新生的企业来说，别说更换新设备，就连每年一两千元的服务器托管费都没有着落。

当时，这家仅有十几个人的创业公司，主要业务并不是QQ，而是给深圳电信、深圳联通和一些寻呼台做项目，QQ充其量只是公司的副产品。

为了让公司生存下去，马化腾接受了朋友的建议，打算将QQ卖掉。他原本的计划是将QQ作为软件，多卖几家，换来更多资金。结果事与愿违，一些公司要求独家买断，最终谈判破裂。

QQ没有被卖掉，用户量却一直在爆发性增长，维护这些用户需要的投入也越来越大。为了融资，马化腾找到银行，想用QQ来办理抵押贷款。但银行的态度很明确，从来没听说有人可以凭借“注册用户量”来抵押贷款。一连谈了好几家，都没能谈拢。不过谈来谈去，马化腾决定不再卖QQ了，要留下，自己把它养大。

这才有了后来中国互联网发展史上拥有最巨量用户群的QQ，才有了后来的腾讯帝国。

不得不说，这是一个英明的决策。这也提醒了后来的创业者：创业启动期，缺钱是常态。尽量别为了筹钱而丢失了自己的底线，做出一些让自己追悔莫及的选择。

缺钱的大疆最终没有倒闭，汪滔也没有选择出售公司，2006年底，他迎来了自己的天使投资人——陆迪。

陆迪是汪滔家族的世交，他向大疆投资了9万美元，帮助汪滔解了缺钱的燃眉之急。汪滔后来表示，这是大疆历史上唯一一次需要外部资金的时刻，从此以后，大疆再也没有担心过资金问题。

毫无疑问，陆迪就是大疆的天使投资人。在美国，天使投资人通常是那些富有的个人和家庭，他们投资那些年轻的高成长性公司，用自己的资金帮助他们迅速启动起来。还有一些天使投资人是由创业成功的企业家转型而来，这些人能带给创业者的就不仅仅是钱了，还有管理经验、人脉资源以及对产品和市场的准确把握、商业意识等。

汪滔为这笔融资也付出了不小的代价——划出16%的股权给了陆迪。后来，2015年，《福布斯》杂志采访汪滔时，曾做出过测算，陆迪的这笔股权价值已经高达16亿美元，获得了超额回报，投资回报率将近2万倍。

9万美元的资金注入大疆后不久，陆迪也正式加盟大疆管理团队，出任财务负责人，掌控公司财务和行政大权。

4 大疆初启航，骨干心生去意

陆迪的空降式加入，虽然解决了大疆的资金难题，但是同时也引起了其他核心成员的不满。

大疆最早的三名员工陈金颖、卢致辉、陈楚强同汪滔一样都是技术流，本来一群技术宅在一起配合得挺默契，但是陆迪并不是技术出身，不但不懂技术，而且还成了他们的上司，这让卢致辉等人很郁闷。

公司平静的局面开始被打破，陈金颖、卢致辉、陈楚强等纷纷心生去意。

让三名骨干耿耿于怀的还有汪滔的股权分配方案，三人加入公司时，汪滔曾承诺划分40%的股权给其他团队成员，当时大家都还比较满意，但后来，这个数字减少到20%。最后，汪滔又主张按照技术水平分配股权，全公司只有汪滔是无人机技术大牛，他就成了最大的股东，而其他三名骨干员工的股份最后变成了5%。

卢致辉有些失望，但同时也表示理解汪滔的决定，一方面，汪滔毕竟也是首次创业，对于股权问题的安排并没有经过妥善考虑，在有些场合也可能只是随口说说而已。另一方面，由于当时公司前景尚不明朗，尚未开始赚钱，对于汪滔许诺的股权价值，其他员工也没有非常明确的概念。但是，当汪滔承诺分给三人的股权缩水到5%时，三人真的失望了，心态开始动摇。

创业公司的股权划分，很考验创业者的格局。如果创业者仍然用传统企业的雇员心态去对待核心员工，那就很难留住人，甚至还有可能会给自己培养一个强劲的竞争对手。因为创业前期，公司人员有限，很多员工也能接触到核心技术和核心资源，掌握核心业务，一旦他们摸清公司的模式，很可能就出去另起炉灶。这样的情况，屡见不鲜。

这是一个投资人朋友讲的实例：

“我们投了一个公司，它是一个电商，创始人是做互联网的。它的联合创始人做供应链，做下游的。这种结合应该是‘50%、50%’的股份，‘60%、40%’的股份，‘70%、30%’的股份，最差也应该是‘75%、25%’的股份或者‘80%、20%’的股份。到这家企业破产以后，我才知道那个联合创始人才拿了1个点的股份，这不是合伙人，只是伙计、打工的。所谓的合伙人，是你在股权上跟他分享，在荣誉上跟他分享，在资金上，他自然跟你分享。如此，在创业的长征路上，他才会跟你不离不弃，一路走过去。”

有这种心态的创业者不妨想一下，分配给别人百分之一的股权，人家凭什么将自己的生命、精力、能力、才华、资源和梦想同你百分之百地进行分享？凭什么同你一起出生入死，在公司危急之际，跟你一样焦灼、跟你一样想方设法去力挽狂澜？你付出的百分之一只能换来对等的百分之一，不要以为自己占了便宜，谁都不傻，大家心里都有一杆秤。

《心灵捕手》（*Good Will Hunting*）里有一句话：“什么是你的心灵伴侣？那些可以跟你较劲的、能够毫无保留与你沟通的、触动你心灵的人。”除了爱人，只有合伙人，才有这种意愿，才有这个资格，才有这种能力。只有这种人才能在最后，在你失败的时候，跟你一起反败为胜。

否则，创始人拿百分之九十九的股份，其他合伙人为何要同创始人一起承担风险？

新东方联合创始人、真格基金创始人徐小平说过一句话：“我经常说一句话，‘我为了我的10%（新东方占股）而战’。当然，我是爱俞敏洪的。如果我们不是合伙人，如果新东方的利益不跟我们捆绑在一起，如果仅仅是为了新东方培养人才的理想，我早就去团中央了，或者是去红杉了。正是因为我们的利益捆绑，我们才能在每一个艰难时刻一起挺过来。”

当然，话说回来，从严格意义上讲，陈金颖、卢致辉、陈楚强三人并不能算作汪滔的创业合伙人，充其量是后期招聘的比较重要的骨干员工。

后来汪滔在2015年接受《福布斯》杂志采访，在谈到自己创业初期面临的最大挑战时，也提到了股权分配的问题——

“创业两年后，几乎所有的老员工都离职了。他们可能觉得未来会是一个大大的问号……我是一个完美主义者，所以与其他人交流时会造成很多摩擦。

给你举一个例子：我当时认为，谁贡献得更多谁就应该得到更多的股份。当时我们有三四个老员工，我想给他们每个人配股，但我认为，配股数量不应该相同。贡献多的人应该得到更多，它不应该是平分的，但最后我把大家都得罪了。拿股份最少的人很不爽我，他认为，这不公平，所以他离开了；但拿股份最多的人也生气了，因为他问能不能把他的股份转赠给其他人。我说，‘不行，你必须拿更多的股份’。我们有一些争论，我的语气不是很好，我说，‘在这家公司，我负责’。当他离开公司时，他表示，这件事很伤人。”

5 黎明前的黑暗，员工纷纷出走

从2006年底开始，汪滔和大疆的危机爆发了，包括一些骨干力量在内的员工纷纷离职。

让卢致辉等人下定决心离开的，除了股权分配问题以及突然空降的高管外，还有压垮众人的“最后一根稻草”——公司前景不明。

汪滔创业进入第二年，虽然经过了一年的苦熬，但公司未来前景仍然不明朗。对于当时的情形，汪滔后来回忆说：“我当时也不知道市场规模究竟会有多大，我们的想法也很简单，开发一款产品，能养活一个10到20人的团队就行了。”

但是，除了汪滔在校期间开发的飞行控制系统外，大疆始终没有拿得出手的成熟产品，也缺乏可持续的盈利模式，公司一直不赚钱，同时还需要不断砸钱进行研发，再加上公司愿景不明，每个人都开始打起了自己的小算盘。

大疆的三名骨干员工中，卢致辉是最早离开的。除了上述因素，卢致辉在公司的核心产品方向上与汪滔也有不同的观点，当时大疆的研发方向是基于油动直升机的飞行控制系统。卢致辉隐隐觉得这不是一个正确的方向，而且存在较大的风险，此前在实验环节，大疆团队曾操控直升机从香蜜湖飞到了民生银行大厦，中途坠落，差点砸到行人。

卢致辉离开大疆后，加盟了航模公司艾特航空。当时该公司是一年营收7000万元、利润1000万元的大公司，无论实力还是知名度，都要远远高于大疆。陈楚强也一道加入了艾特航空。

在艾特航空，卢致辉从零开始组建消费级无人机研发团队，成功研发出了国内首款用于电力巡检的无人机。在卢致辉的操盘下，一年后，艾特航空的无人机业务就实现了300万元的销售收入和100万元的利润。

不久后，由于艾特航空公司的内部斗争问题，卢致辉和陈楚强再次选择出走，他们带着研发团队的大部分核心成员，加入一电科技。随后的工作同在艾特航空时如出一辙，卢致辉帮助该公司组建了新的消费级无人机团队，极具前瞻性地选择了多旋翼航拍无人机作为研发方向。

几个月后，卢致辉团队不负众望，成功推出一款多旋翼航拍无人机，希望能够将其尽快推向市场，实现产业化。一电科技的老板则有别的考虑，不打算出售消费级无人机，其目标是做军工级的无人机。

卢致辉也是一名值得尊重的技术专家，有自己的执念和坚持。由于理念不合，卢致辉再次选择从一电科技离开。不过，这次陈楚强并没有随他一道离职，而卢致辉也没有选择继续求职，转而创立了科比特公司，业务方向依然是其一贯坚持的消费级无人机。

在科比特，卢致辉发挥出了其在大疆被埋没的能力——开拓市场的能力。陈楚强也认为卢致辉当初在大疆并没有发挥出自己的优势——做市场。因此，科比特同时具备了研发能力和市场能力。科比特发展还算顺利，能够自给自足，属于小作坊式的无人机企业，在业内比较低调。

陈楚强在2011年也离开了一电科技，开始自立门户，创立了头家技术，公司业务方向并不是他所熟悉的无人机领域，而是卫星通信行业，公司一度发展迅猛，并同一些业内的卫星通信巨头公司达成合作，进入了融资阶段。

最后从大疆离开的陈金颖，没有加盟别的公司，而是直接创建了云雀科技，致力于提供FPV飞行器解决方案。后来由于公司始终找不到市场定位，同投资人发生了重大分歧和矛盾，陈金颖选择关闭公司，加入了卢致辉的科比特，担任研发总监。

卢致辉、陈楚强和陈金颖同汪滔一样，都有着鲜明的创客特质和创业基因，尽管他们都由于种种因素离开了大疆，但也都各自开创了自己的事业，且三人之间一直保持着紧密的联系和密切的合作。

三名核心员工的离职，只是个开始。在这之后，其他员工也纷纷离开大疆。李泽湘在接受《晚点LatePost》采访时称，2007年大疆爆发危机时，几乎所有人都走了，最后只剩下一个出纳。

大疆为数不多的员工，有些人选择投身此前洽谈的合作商，有些人甚至偷偷将公司的财物放到网上出售，还有些离职员工同大疆的内部员工里应外合偷偷出售盗版的大疆飞行控制系统。汪滔称大疆的这段历史为“黎明前的黑暗”。

6 逆转：两名核心人物的加盟

几乎成了光杆司令的汪滔不得不向恩师李泽湘求助，李泽湘当时正在哈尔滨工业大学深圳研究院授课，他同汪滔一道分析了大疆面临的主要问题。李泽湘鼓励汪滔重振旗鼓，振作起来，同时答应给予他人力和资金支持。

在李泽湘的运作下，哈尔滨工业大学深圳研究院博士生导师朱晓蕊同意加入汪滔的团队，出任大疆首席科学家。朱晓蕊是机器人、自动化和无人机领域的专家，于2006年在美国犹他大学机器人系统中心获得博士学位。

李泽湘还联合朱晓蕊共同给大疆投资100万元人民币。当时又恰逢哈尔滨工业大学深圳研究院第一批学生毕业，李泽湘又动员一批学生加入了大疆，这些学生大都是自动化、机器人领域的顶尖技术人才，他们的加入大大充实了汪滔的核心技术团队。

另一名核心人物谢嘉的加盟则更为激进。谢嘉是汪滔多年的朋友、同学，彼此了解，知根知底，为了支持汪滔的事业，他不仅在大疆低谷时加入，而且还做出了疯狂举动：他卖掉了杭州老家的房子，将资金投入大疆。后来谢嘉出任大疆的首席营销官。

谢嘉的抉择，极其类似当初蔡崇信加入马云的创业团队。

1999年，马云从政府部门的网站辞职，决定回杭州创办阿里巴巴网站。临行前，他对一直跟随他的合作伙伴兼同事们说：“我要回杭州创办一家自己的公司，从零开始。愿意同去的，只有500元的工资；愿意留在北京的，我可以介绍你们去雅虎和新浪，收入一样会很高。给你们3天的时间，你们考虑一下吧！”另外几个人听后，出去转了转，仅仅5分钟后，他们一致决定跟随马云回杭州创业。

当时，蔡崇信是全球著名的风险投资公司InvestAB的亚洲代表，他听说马云的阿里巴巴之后立即飞赴杭州要求洽谈投资。在和马云进行了一番推心置腹地交谈之后，蔡崇信竟然出人意料地说：“马云，那边我不干了，我要加入阿里巴巴！”马云吓了一跳：“不可能吧，我这儿只有500元人民币的月薪啊！”但两个月后，蔡崇信就真的成了阿里巴巴的CFO（首席财务官）。后来蔡崇信的妻子告诉马云：“如果我不同意他加入，他一辈子都不会原谅我。”

谢嘉和蔡崇信，包括马云的早期合伙人，不在乎低工资，甚至不惜卖房子，也要共赴创业之路。难道这些人真的疯了？其实不然，他们一是看好创始人（汪滔和马云），二是看好公司未来的前景。其中当然有赌的成分，但都赌赢了，蔡崇信和马云的“十八罗汉”不用多讲，他们早已功成名就。

谢嘉卖房子入股大疆，后来也成了天使投资领域教科书般的经典案例，获得了上万倍的回报。几年后，谢嘉相继入选福布斯全球亿万富豪榜、胡润全球少壮派白手起家富豪榜、浙江“80后”白手起家富豪榜，身价超百亿。

朱晓蕊和谢嘉两名核心人物、哈尔滨工业大学深圳研究院毕业生的加入，再加上先前空降大疆的陆迪，解了汪滔缺人的燃眉之急，充实了大疆的技术力量，还有更重要的一点——改变了大疆创业初期团队成员单一的技术人员结构。新的核心团队中，有技术大咖，也有财务专家和市场专家，团队结构更为互补，更加健康。

“你能走多远，取决于你与谁同行。”创业的路上充满磨难，优势互补的团队成员，能够发挥出“1+1 > 2”的效果。比如先后打造携程和如家两家上市公司的创业团队，就是一个互补的团队。对该团队，《第一团队：携程与如家》中是这样概括的：

“在美国接受教育并且工作多年的沈南鹏、梁建章，与接触过国外文化的民营企业家季琦、国营企业管理者范敏，构成了中国企业史上的一个奇妙组合。

在这个组合里，没有‘皇帝’，也没有‘大哥’；他们虽有同学之谊、朋友之情，但性格、爱好迥然不同，经历各异；他们创立的携程和如家虽然经历了多次高层人事变更，却从来没有发生过震荡，两家公司都在纳斯达克成功上市，并且一直保持着优异的业绩；他们为中国企业树立了一个高效团队的榜样，最终获得了共赢的结局。

该书忠实记录了从1999年携程创立开始，四个创业者如同接力赛一般，在企业发展的不同阶段分别领跑，各自发挥所长，完成属于自己的使命的过程。这既是一段精彩的创业故事，也是一场绝妙的共赢游戏。”

此外，是否拥有一支互补型的团队，创业团队成员的搭配是否合理，也是外部投资者是否投资的一个重要考量因素。

戈壁创投管理合伙人徐晨曾说："多数情况下，我往往青睐团队多于个人，不管这个团队已经存在，还是潜在存在。因为无论个人能力有多强，有一个合适的团队支持，其能力才可以更好地表现出来。同时，能否创建和谐团队也预示了公司是否有规模化的可能。

在此基础上，团队的背景越多元化，其成功的可能性相对越高。创业者最好不要有过于相似的背景，因为他们想事情的方法一样，这样的团队其实和一个人没有什么区别。拥有不同背景的成员的团队可相互协调，相互补充，共同协作，优势才能最大化。"

趋于合理的大疆核心团队配置，也为后续融资铺平了道路。在与新团队的磨合中，在同各色人等打交道的过程中，拥有极客特质的汪滔也有了很大的改变，比如在卢致辉看来："汪滔的个人成长也是非常明显的，从一开始很生硬地和一群人相处，到后来轻松地游离在各个群体之中。"

解决了资金、人力、技术问题的大疆，已经处于高飞的前夜。

第3章

不断突破：掌控民用无人机行业的技术话语权

我们不会设想去做世界二、三流产品，靠便宜取胜——便宜，是自己没本事，拿不出好货来。我们已经不太习惯再去做一个达不到全世界最高要求的产品了，所有人都不习惯了。

——汪　滔

1 AI威力：直升机飞行控制系统XP3.1面市

技术、人才和资金的注入，加快了大疆产品研发的进度。很快，大疆就发布了直升机飞行控制系统XP2.0版本。该系统能够控制无人直升机实现超视距飞行，创下了新的飞行记录，打破了视野界限。

2008年，大疆的技术创新再次获得重大突破，研发出了飞行控制系统XP3.1，首次做到了让直升机实现空中悬停。即使无人操作，装载有该系统的直升机也可自动在空中悬停。

汪滔一直以来的无人机悬停梦想，终于得以实现。

大疆的营销团队将飞行控制系统XP3.1推向了市场，获得了不错的反馈，订单纷至沓来，每月销量稳定在20台左右，虽然出货量不是很大，但由于公司规模尚小，每台2万元的售价，能给公司带来将近500万元的年收入。大疆有了稳定的现金流，公司开始实现盈亏平衡。

在产品路线上，汪滔坚持走无人直升机的路子，因为直升机能够实现悬停。

无人机根据不同平台构型分类，有很多种，包括：固定翼无人机、旋翼无人机、无人飞艇、伞翼无人机、扑翼无人机、无人直升机和多旋翼无人机。

大疆的飞行控制系统针对的是无人直升机。在大疆无人直升机飞行控制领域取得突破之际，广州的一家无人机公司极飞科技也在多旋翼无人机领域有了重大进展。

极飞科技的创始人彭斌同汪滔非常相似。汪滔出生于1980年，彭斌出生于1982年，两人都是技术出身的极客。2007年，彭斌带领极飞科技开始起步，在机器人控制算法、无人机等领域进行探索；2009年初，极飞科技成功推出X650多旋翼无人机和配套的飞行控制系统；2010年实现1000万元的销售收入；2020年，销售额则翻倍增长至2000万元。

异军突起的极飞科技多旋翼无人机引起了汪滔的注意，他从市场上买回一台同大疆研发团队一同研究，在试飞的过程中意外出现了炸机。极飞科技的这款多旋翼无人机也不能实现悬停。汪滔和团队成员都认为多旋翼无人机不会有太大的前景，便放弃了对多旋翼无人机的研究和立项。

从当时的市场环境来看，2008年之前，极少有公司切入多旋翼无人机领域，国内的航模产品主要是固定翼无人机和无人直升机，只有极飞科技的彭斌在创业之初便将多旋翼无人机作为主攻方向，颇具前瞻性。但几年后，消费级无人机市场彻底拥抱多旋翼无人机。彭斌的极飞科技公司后来也获得了不错的发展，专注于农业、植保无人机领域，公司估值超过100亿元。

大疆团队仍然专注于对直升机飞行控制系统的研究和迭代，2010年，他们再次研发出新一代直升机飞行控制系统 Ace One。Ace One的功能更强大，获得多项技术突破：

第一，适用于所有无人直升机平台。

Ace One可以被安装在所有的直升机平台上，无论是两桨还是三桨，无论是有小翼还是无小翼，无论是电动还是液体燃料直升机。无论是怎样的十字盘和旋翼头，Ace One都能被简单安装，便捷设置，稳定使用。

第二，体积小、重量轻。

Ace One所有配件的总重量不超过150克，相对于飞行器的重量来说，基本可以被忽略。Ace One甚至可以被安装在450级别的小型直升机上。

第三，安装简便。

Ace One采用了创新性的内置减震设计，无须再额外安装外框架或减震垫，可以简单粘贴在机身上。这不仅大大缩小了体积，减轻了重量，更简化了安装流程，使其适用于所有的直升机平台，令使用者也有了更多可选的安装方式。

第四，实现多种飞行控制模式智能切换。

Ace One提供了四种飞行控制模式：GPS巡航模式、GPS姿态模式、姿态模式和手动模式。用户可以在四种模式间自由快速切换，以适应各种飞行环境，甚至包括在GPS信号不佳的楼宇之间、山谷里、桥梁底或洞穴中等特殊环境。

第五，可以精准定位悬停。

在Ace One的支持下，无人直升机可以锁定经纬度和高度精确悬停，哪怕在风力较大的情况下，也同样可以在很小范围内稳定悬停。精度可以达到水平小于等于2米，高度小于等于0.5米。

第六，智能失控保护、自动返航功能。

Ace One还可以设置智能的失控保护，以确保飞机在失去遥控信号等极端的情况下也能自动悬停，并在信号超过10秒无法恢复的情况下，精确找到起飞点，以最安全的路线和高度，自动返回起飞点上空悬停，这样可使用户搭载于飞机的昂贵设备有一个强大的安全保障。

相对于XP3.1，Ace One的售价也更为亲民，仅为1000元，只有XP3.1的二十分之一。

Ace One上市第一个月就售出了100多台，月销量很快就突破了1000台关口，为大疆拓展了一条新的产品线。

2 押宝多旋翼：新西兰经销商的启发

公司刚成立时，汪滔的想法是开发一款产品，能养活一个10到20人的团队就心满意足了。但随着公司的发展，以及越来越多的人员和资金进入，汪滔的野心也在膨胀。

大疆推出的产品，不论是XP3.1还是Ace One，市场相对来说都比较狭小，销量有限，给公司创造的利润也不够丰厚。大疆赖以起家的直升机飞行控制系统主要应用在航拍领域，且直升机价格高昂，是一个极其细微的细分市场，公司业务量很难做起来。

汪滔和他的团队不得不寻找新的产品定位和市场增长点。

在新西兰有一家名为Photo Hire的公司，主要做云台产品，同时也是大疆直升机飞行控制系统的海外代理商。2010年，Photo Hire公司给汪滔反馈了一条重要信息——公司平均每个月卖出200个云台，其中有95%都是挂在多旋翼无人机上的。

在汪滔经常逛的DIY Drones论坛（美国《连线》杂志主编克里斯·安德森创建）上，有很多无人机发烧友也开始关注多旋翼无人机，认为无人机的发展应当由单旋翼直升机走向四旋翼无人机。相比单旋翼的直升机，四旋翼无人机的结构简单、制造难度低、飞行平稳、可靠性强大、机械结构简单、生产成本低、产品一致性强，而且也更容易编程。

当时占据多轴飞行控制器市场的主要厂商是一个德国的开源公司MikroKopter，但它主要采取的策略是DIY模式，用户必须找到自己的组件并下载代码，因此用户体验不是很好，产品的可靠性也不强。

此时，汪滔和大疆面临着重大抉择，是继续研发飞行控制系统、卖配件，还是做整机？如果做整机的话，是做直升机，还是做多旋翼无人机？

公司内部经过激烈的探讨和争论，最终汪滔拍板决定向多旋翼无人机领域转型。

2015年，汪滔在接受《福布斯》杂志采访时，也谈到了这一转型的过程："一个新西兰的经销商告诉我们，她一个月卖出200个平衡环（云台），但95%的客户都把平衡环安装在多轴飞行器上。起初，我们并没有考虑多轴飞行器，因为它们的载重不是很大，飞行时间也不是很长。但是，当经销商告诉我们这些信息后，我们认真考虑制作四轴直升机的飞行控制器。其实大部分的东西是一样的，我们可以在多轴飞行器上使用我们的软件，只需要做很小的改变。硬件几乎不需要做任何改变，所以我们几个月内就做出了我们的第一个多轴飞行器飞行控制系统。当时售价6000~7000元人民币。产品很快就取得了成功。"

进军多旋翼无人机领域，汪滔为大疆规划了三个具体产品方向：

第一，图传。即图像传输系统。最初，由于内部技术力量薄弱，汪滔先找外部公司做外包，后期才慢慢攻克。

第二，飞行控制系统。飞行控制系统是大疆的强项和技术优势，多旋翼无人机的飞行控制系统同直升机飞行控制系统大部分的软件和代码都是一样的，只需要做很小的改动即可，而硬件几乎不用改动。

2011年9月，在航空博物馆的展览会上，大疆推出了首款多旋翼飞行控制系统WooKong-M。这是一款性价比非常高的飞行控制系统，凭借该系统，大疆的年销售收入很快就突破了1000万元。

第三，云台。即新西兰经销商所销售的平衡环。云台是安装、固定手机、相机、摄像机的支撑设备，分为固定云台和电动云台两种。云台可以任意旋转，方便用户使用。

大疆云台采用的是与众不同的舵机云台方案，初期存在响应慢和图像抖动的问题。汪滔和大疆的技术团队尝试了很多种解决方案。在综合考虑产品价格和续航力等因素后，汪滔创造性地提出用无刷电机直驱模式来控制云台的解决方案，这样就不需要自己配电机，从而减少了零部件数量，也降低了产品重量，完美地解决了上述问题。

2012年1月，在德国纽伦堡Toy Fair 展会上，大疆正式发布了禅思 Z15 云台，这是世界首款无刷直驱陀螺稳定云台，也是全球首款消费级的民用高精度云台。在禅思 Z15 云台之前，大疆进行过多次试错，至少制造了3款原型产品。

后来，曾参加过展会并出任大疆技术总监的赵涛，在回忆起当时的情境时还非常兴奋："我当时全身发麻，看到挂着禅思 Z15 云台和GoPro相机的飞机稳稳地立住不动时，我的内心无比激动。"

对这次展会，汪滔也记忆深刻，他后来对媒体讲述："我们第一次去的展览是在德国纽伦堡，我们被安置在中国展区，是那种廉价的小摊位，旁边就是卖毛绒动物玩具的。我们甚至没有被安排在模型区，我们被安排在玩具区。

第二年，我们有了一个比较好的展位，并发布了我们的新产品，Zenmuse驱动器稳定平衡器（禅思云台）。当时人们很震惊，因为这是第一次有人在空中成像技术中使用‘直接驱动技术’，我们将行业标准提高了几十个层级。我们认为，就是在这个时候很多业内人士开始关注我们的公司。”

禅思云台能确保无人机飞行过程中拍摄画面的质量，同时大疆将其制造成本从2000美元减至不足400美元，价格优势成为大疆后来在消费级多旋翼无人机市场迅速崛起的关键因素。

3 进军海外：大疆北美分公司成立

从全球范围看，真正实现国际化发展、被全球用户认可的中国科技企业并不多，以国内的互联网巨头阿里巴巴、腾讯、百度等为例，其业务范围和营收基本上大部分还局限于国内市场，对海外市场的拓展并不顺利。

中国科技企业“出海”，成功的只有为数不多的几个——

华为，2021年实现营收6368亿元，其中50%以上来自海外市场。华为在全球数十个国家和地区构建了能力中心，拥有遍布全球的研发团队，是当之无愧的全球化高科技企业。

小米，2021年境外市场收入高达1636亿元，同比增长33.7%，占总收入的49.8%，接近一半，是海外业务开展比较成功的企业。

字节跳动，旗下的短视频App抖音及其抖音海外版TikTok，在2022年3月（Sensor Tower 商店情报数据）以超过6300万的下载量蝉联全球移动应用（非游戏）下载榜冠军，超过Facebook、Instagram、WhatsApp等热门App。TikTok海外月活用户已突破10亿，TikTok也是2021年全球访问量最大的互联网域名，超过了谷歌，是为数不多的“出海”成功的中国互联网应用产品。

大疆的发展模式则带有天生的国际化基因。当时无人机在中国还是一个大众相对陌生的产品，而北美、日本、欧洲等发达国家和地区的大众消费者则对无人机有较高的接受度，因此大疆决定先开拓海外市场。从成长轨迹看，大疆虽然由汪滔创立于中国，却很早就开始进军海外市场，且市场拓展非常成功，后来，其海外收入超过总收入的80%，海外收入占比远超华为、小米等公司。

正因为如此，大疆总是被人误以为是国外公司。汪滔到国外，也总听人说大疆“不像一家中国公司”，对此，他的心情是复杂的。

汪滔说：“好比宫崎骏的电影，不管在哪里放，大家都觉得好看，使其他动画相形见绌；苹果手机因能打动人心而长销不衰。可是我们拿不出这样的东西。到医院看病开药，医生还盯着你问‘要进口的还是国产的’？‘国产的’几乎成了劣等品的代名词，病人来到医院这个性命攸关的地方，还要自己做一次残酷的选择。

我觉得这种日子很憋屈。既然处在科技行业，做的也是自己擅长的事情，我希望做出全世界消费者真正热爱的产品。现在看起来，我们做得还不错！”

关于大疆的产品定位，汪滔表示：“我们不会设想去做世界二、三流产品，靠便宜取胜——便宜，是自己没本事，拿不出好货来。我们已经不太习惯再去做一个达不到全世界最高要求的产品了，所有人都不习惯了。”

高起点的产品品质以及大疆掌握的无人机核心技术，让汪滔在国际化征程中能够昂首挺胸，信心十足。

禅思 Z15 云台发布后，大疆推销产品的主要渠道是参加各种专业性展览，包括海外的展览，并在一些国内国际的无人机爱好者论坛上发布广告。

2011年8月，汪滔前往美国印第安纳州曼西市参加无线电遥控直升机大会。在展会上，汪滔结识了一名来自得克萨斯的美国人——科林·奎恩。此人经营着一家从事航拍业务的公司，当时正在寻找通过无人机来拍摄稳定视频的方法，大疆的云台恰好能解决奎恩的问题。汪滔也有意拓展北美市场，于是便邀请奎恩加入大疆，负责组建大疆北美分公司。

奎恩接受了汪滔的邀请，还专程飞往深圳大疆总部进行考察，后在得克萨斯州奥斯汀市成立了大疆北美分公司，大疆的无人机产品被引入北美的大众市场。在大疆北美分公司中，奎恩持股48%，大疆拥有剩余的52%股权，分公司主要负责大疆在北美地区销售和部分英语市场的营销工作。

在汪滔看来，奎恩是一名了不起的推销员，其想法也能让自己深受启发。奎恩为大疆北美分公司提出了一句响亮的口号："The Future of Possible（未来无所不能）"。

奎恩的营销活动能力很强，他曾参加真人秀节目《极速前进》（*The Amazing Race*），利用节目中结交的明星的资源在好莱坞、Facebook宣传大疆产品，并同美国知名运动相机品牌GoPro展开了合作计划。大疆的北美市场开拓进行得如火如荼。

北美分公司只是一个开端，2011—2014年是大疆进行海外市场拓展的重要阶段。这一阶段，大疆的北美、日本、欧洲分公司相继建立，累积了大量国际人才，积累了海外市场的开发经验，并且开拓了国际合作渠道。

4 大疆精灵：撬动非专业无人机市场

伟大的颠覆性的产品往往不需要进行市场调研，比如苹果的iPhone。

史蒂夫·乔布斯有一句话，被很多人奉为至理名言："市场不需要调研，因为客户不知道他们要什么，直到你给他们想要的。"

史蒂夫·乔布斯在演讲中提到——

"我认为伟大的产品来自两个方面的结合——科技方面和消费者方面。

消费者不知道现在的科技可以做什么事情，他们不会去要他们认为不可能的东西。消费者想要什么就给他们什么，这句话听起来是很有道理的，但是通过这种方式，消费者很少会得到自己真正想要的东西。

这并不是说我们不注重倾听消费者的意见，但人们不会去要他们根本没有听说过的东西。我给你举个例子，比如电脑上的视频剪辑，我从来没有听到任何一个消费者要求说他想要在电脑上剪辑视频，但是当人们看过这个之后，他们就会说：'Oh my God, that's great!'"

在《史蒂夫·乔布斯传》中，也有一段乔布斯的自述：

"有人会说，'顾客想要什么产品就提供什么产品'，但这不是我的做事方式，我的职责是在大家还没有意识到需求之前，就把产品研发出来。

亨利·福特曾说，如果你问顾客需要什么交通工具，他们可能会回答‘一匹跑得更快的马’！

直到你把产品摆到他们面前，人们才会确切明白自己需要什么。这就是为什么我从不依赖‘市场调研’的原因，我们的任务是搞定那些还没有形成‘定论’的事情。”

谷歌对于伟大产品的产出同样也不过度依赖市场调研，他们有两个更关键的衡量要素。

第一，创意精英。创意精英不仅要具备过硬的专业知识、实践经验、创新能力，同时还要具备足够的前瞻力和开创精神，就像乔布斯。

第二，技术洞见。创意精英的伟大产品，是基于技术领悟和创意需求而非市场调研。

汪滔也属于谷歌公司所定义的创意精英。2012年，大疆已经是专业无人机飞行控制系统市场上的顶级产品供应商，但汪滔的危机意识和技术洞见让他又将眼光瞄准了更大众化的消费级无人机市场。当时，业内同行竞争的都是专业级无人机市场，消费级无人机市场还是一片空白。

为了防止对手进入该市场，汪滔决定研发一款消费级多旋翼无人机整机。此前，无人机爱好者玩多旋翼无人机都是DIY模式，用户分别从各个厂家购买机架、飞行控制系统和云台，自行组装。

“我们当时想做一款有成本效益的、不需要玩家自己组装就能随时起飞的产品。当时主要考量的就是这款产品能够先于我们的对手进入低端机市场，并没有想要赚钱。”汪滔在接受媒体采访时表示。

到2012年底，大疆做无人机整机的技术积累也已经完成，已经拥有了一款完整多旋翼无人机所需要的一切元素：软件、螺旋桨、支架、平衡环以及遥控器。

2012年底，称得上是消费级无人机市场发展的开创性节点，大疆发布第一款消费级多旋翼无人机——大疆精灵Phantom 1。这是一款伟大的开创性产品。

第一，设计惊艳。

大疆精灵Phantom 1推出前，经过了设计团队和工程团队的精雕细琢，产品极具工业美学。汪滔本身就是一个极度重视工业美学的创始人，所以大疆很早就注重产品设计和生产工艺。

在内部工作群，汪滔还分享过纪录片《遗失的访谈》里乔布斯的一句话："真正的魔法，是用五千个点子磨出一个产品，好想法要变成好产品，需要大量的加工。"

因此，当大疆精灵Phantom 1发布时，人们都惊叹于其精致的外观、完美的工业设计和生产工艺，大疆精灵Phantom 1机身小巧，重量仅有1200克，携带方便。外出旅行时，用户可以轻松把它装入背包。

第二，性能出众。

大疆精灵Phantom 1集成了大疆高寿命、稳定的飞行动力系统——Naza-M+GPS多旋翼飞行控制系统，并配置了定制的无线电遥控系统，在出厂前已经被设置并调试好了所有的飞行参数及功能。用户购买后，可以免安装、免调试，实现即刻飞行。加上其易操作、易维护的优点，大疆精灵Phantom 1让稳定飞行和普通用户的趣味航拍变得轻而易举。大疆精灵Phantom 1的巡航飞行时间可达10～15分钟，它在开箱一小时内就能飞行，而且第一次坠落不会造成其解体。

第三，价格亲民。

大疆在做直升机飞行控制系统时，就已经拥有无人机的核心技术飞行控制、云台和图传项目，甚至电机等配件也是自己生产的，大疆精灵Phantom 1的核心配件基本上属于自给自足。大疆能很好地进行产品成本控制。大疆精灵Phantom 1的售价只有6700多元，相对于此前专业级无人机动辄数十万元的售价，大疆精灵Phantom 1快速地撬开了消费级无人机市场的大门。

大疆精灵Phantom 1的推出获得了比禅思云台更强烈的市场反响，订货量很快就突破1万台大关。

外观惊艳、安全可靠、简单易用、价格便宜的大疆精灵Phantom 1，让大疆实现了真正意义上的裂变式增长。据统计，2010年，大疆销售额还只有300多万元，2012年，大疆精灵Phantom 1推向市场后，大疆销售收入增加至2亿元，2013年，大疆销售收入猛增至8亿元。大疆的办公、生产面积也从最初的80多平方米拓展到8万平方米。

5 科林·奎恩：汪滔之下的二号人物？

大疆精灵Phantom 1机身小巧，GoPro运动相机或者其他微型相机可以安装在大疆精灵Phantom 1上录制空中视频，能给用户带来特别的航拍体验。

GoPro是美国运动相机厂商。GoPro的相机被冲浪、滑雪、极限自行车及跳伞等极限运动团体广泛运用，因而“GoPro”也几乎成为“极限运动专用相机”的代名词。

大疆精灵Phantom 1在演示视频中推荐的就是GoPro相机。从禅思云台起，大疆就默认推荐 GoPro，但并没有将该相机作为大疆精灵Phantom 1的固定配置，用户如果需要安装GoPro相机，就要自己DIY，但在很多用户的潜意识中，大疆 + GoPro相机是完美的天作之合。

按照汪滔本人的说法，后来的大疆精灵迭代产品大疆精灵Phantom 2，最初是计划要给GoPro贴牌，即将GoPro相机整合到大疆精灵Phantom 2中，用户不需要再动手额外安装。

正是因为大疆精灵Phantom 2，北美分公司的奎恩同汪滔的关系闹僵了。

此前，大疆精灵Phantom 1也被奎恩和北美分公司推向了北美市场，擅长营销的奎恩一举将大疆市场占有率推向北美第一。同时，这款产品还被销往全世界。这种市场格局一直延续到今天：在大疆的总营收当中，美国、欧洲和亚洲等三个地区各占30%，剩余10%则由拉美和非洲地区贡献。这是让汪滔感到骄傲的地方，他说："中国人总认为进口产品的质量一流，而中国制造的产品质量一般。好像我们自己的东西总是二流产品。我对整个市场环境感到不满意，想要做些事情来改变这种状况。"

随着大疆无人机在北美市场的知名度越来越高，奎恩变得越来越膨胀，他对外界宣称大疆精灵无人机的成功都是自己的功劳，甚至Phantom这个名字都是自己所取，而且，在天高皇帝远的北美，奎恩甚至还以大疆创新公司（DJ-Innovations）的CEO自居，奎恩的LinkedIn页面上至今仍保留着这个头衔，这种越位之举让汪滔感到非常不满。

让奎恩和汪滔矛盾进一步激化的是，奎恩在未经汪滔同意和总部授权的情况下，就擅自同GoPro公司达成合作。

根据大疆的计划，大疆精灵Phantom 2是要为GoPro做贴牌的，并将其相机整合到大疆无人机中。但在奎恩同对方的谈判中，GoPro将成为大疆无人机的独家摄像机供应商，而且还将拿走三分之二的利润。奎恩擅自同意了这场明显不平等的交易。

奎恩此举激怒了性格强势的汪滔，汪滔不能容忍分公司高管的擅自行动和失控。他在第一时间做出了反击，宣布立刻终止同GoPro的合作，在后来推出的大疆精灵Phantom 2上面也没有如外界预期的那样与GoPro实现深度捆绑。GoPro公司也大为恼火，为了报复大疆，外界甚至有传言该公司也计划进入消费级无人机领域，开发自己的无人机产品，同大疆竞争。

同时，汪滔还决定以换股的方式，收回北美分公司的控制权。

奎恩狮子大开口，希望汪滔给他大疆母公司16%的股权，作为自己退出北美分公司的条件，而在汪滔看来，奎恩尽管在拓展北美市场上功不可没，但其本质上只是公司海外一个区域市场的营销负责人而不是奎恩一厢情愿地自认为的除汪滔之外的大疆二号人物，所以汪滔只同意给其0.3%的大疆母公司股权。

由于双方诉求差距甚大，最后的谈判不欢而散。

2013年底，汪滔采取进一步措施，将北美分公司所有员工的电邮账户予以锁定，并遣散了大部分员工，同时，北美客户的订单则由大疆中国总部进行处理。

奎恩也感觉很委屈，他认为大疆北美分公司是自己一手组建起来的。他的股权主张，也有自己的计算方式：奎恩在大疆北美分公司占股48%，而由其负责的北美分公司为大疆贡献了30%的销售收入，由此换算，自己应该得到16%的大疆母公司股权。

2014年初，奎恩将大疆告上法庭，由于涉及官司，大疆北美市场上的货品都被封存，同时，美国媒体上也有很多不利于大疆的声音，大疆在北美的销售受阻。原本低调的汪滔，开始接受海外媒体的采访，以澄清事实。

2014年8月，经过半年官司，奎恩与大疆达成庭外和解，不过，和解金额并未对外披露。据知情人士透露，汪滔给奎恩的补偿金额在1000万美元左右。2014年中期，大疆的估值为16亿美元，该金额相当于估值的6.3%，在二人的心理预期上达到了一个平衡。

退出大疆北美分公司后，奎恩对外界表示：“说我与‘大疆精灵’毫无关系，这种说法相当可笑，就像说我是‘大疆精灵’的发明者一样可笑。”后来，奎恩带着原北美分公司的一些同事共同加盟大疆的竞争对手3D Robotics公司，这是一家做无人机的美国本土领袖企业，奎恩扬言“要让大疆付出惨痛代价”。

6 最酷的无人机："悟"（Inspire1）

在消费级无人机领域，无人机的飞行控制、电调系统都需要无人机公司在产品迭代中不断调整与优化，这样才能够达到令人满意的层次。很多无人机从业者都会眼红大疆，后者发布的每一款新产品几乎都会将行业标准提高一个级别。大疆之所以能够成为行业龙头公司，是因为其不仅在技术方面有优势，而且在产品迭代方面有竞争对手所不具备的领先优势。

2014年，大疆在大疆精灵Phantom 1、大疆精灵Phantom 2、大疆精灵Phantom 2 Vision等产品的基础上，推出创新产品——"悟"（Inspire1），这是世界上首款拥有4K视频拍摄技术的可变形四旋翼航拍飞行器。"悟"（Inspire1）一经推出，就成为当年最受瞩目的无人机产品，引起了企业以及飞行器爱好者等广大用户的广泛关注。

相对于以前的大疆精灵系列无人机，"悟"（Inspire1）的外观更加惊艳，其设计简洁，采用高端的碳纤维材质，外观非常精美，极具未来感的流线型变形机身令人叹为观止，它的四个螺旋桨和脚架从两侧的机臂上延伸出来，设计上同大疆其他品类的无人机截然不同，造型简约至极。很多消费者都认为"悟"（Inspire1）很有"苹果范儿"。

"悟"（Inspire1）从启动到起飞悬停再到爬升变形，只需极短时间，动作如同行云流水，一气呵成。有体验者称："起飞后的大疆'悟'（Inspire1）如同科幻片中的无人机一样可以迅速进行翻转、停顿、侧飞、上升、下降等一系列动作，让你如同体验3D电影一样。”

“悟”（Inspire1）无人机在飞行中可以实现实时传输功能，操作者只需在遥控器手柄上接入监视器，就可以随时查看无人机所传回的1080P高清照片和视频。“悟”（Inspire1）无人机在飞行的过程中，视频的传输距离可达2000米，最大飞行高度可达1000米，在5级劲风中飞行依然可以平稳地传回视频和图片，具有极强的稳定性能。

汪滔此前在解决北美分公司负责人奎恩的问题时，曾态度强硬地终止了同GoPro公司的合作。汪滔曾表示：“我们当时与GoPro进行过讨论。最初GoPro想和大疆一起开发一款基于GoPro的产品，但谈判最终‘流产’。他们对待我们就像对待代工厂商似的。最终协议大致是这样的：GoPro拿走三分之二的利润，我们拿三分之一，而我不同意。我认为应该是，我们拿三分之二的利润，而GoPro拿三分之一，因为该产品从开始到最后，都是我们研发的，GoPro只是其中一个销售渠道。他们对待我们就像对待我国台湾的代工厂似的。所以我们从未有过一个成功的正式合作伙伴关系。台面下，我们还是会做与他们配套的平衡器，这对双方都有好处。”

从那时开始，汪滔便决定自主研发航拍相机，“悟”（Inspire1）上面搭载的便是大疆自主研发的相机，性能非常不错，丝毫不亚于GoPro的产品。该相机拥有一颗94°广角、1240万像素的定焦镜头，f/2.8光圈，SONYEXMOR1/2.3传感器，最高支持7张照片连拍，同时支持Adobe DNG格式与RAW格式，方便用户后期处理照片。

在接受媒体采访时，汪滔对大疆研发的相机很有信心："我们都不愿意成为别人的附属品，但很多客户都需要使用GoPro相机拍摄空中镜头，所以我们做了一个这样的产品。然而，从一开始到现在，我们从没想过要活在别人的阴影里。我们Inspire平台上的相机已经比GoPro最好的相机还要好。

过去，不是我们无法做出好相机，而是我们的供应商把最好的芯片都卖给了GoPro，只卖给我们第二级芯片，因为我们公司的规模不够大。在Phantom Vision上，我们的相机落后GoPro一代。但是，我们最新的相机比GoPro的更好，因为我们已经说服供应商卖给我们最新一代的芯片。"

不过，即便大疆拥有性能更好的相机，但用户仍然可以选择使用GoPro。用户对大疆研发的相机拍摄性能普遍非常满意，甚至有发烧友称："论拍摄性能，已经没有选择GoPro的必要了。"

将相机集成在云台上，让航拍无人机变身"傻瓜机"。它的操控更为方便，无须专业培训，消费者就可自如操作。它还可以在空中变形，实现360°无遮挡航拍。配有大疆自主研发相机的"悟"（Inspire1）无人机也被外媒誉为"迄今为止最酷的无人机"。

7　裂变式增长，掌握无人机话语权

2013年底，在深圳市南山区科技园香港科技大学产学研大楼前，有十辆奔驰C180轿车并排停放在停车场。这些车不是用于展览，而是某公司的年终奖，车上面点缀着彩球和鲜花，其中两部奔驰轿车的顶部还放有纸牌，上面写着几个醒目的大字"2013年年终大奖"。

该公司相关负责人对媒体表示，从2012年开始，公司便以赠车的形式发放年终奖，在全公司员工投票中得到前十位票数的一线员工可以获赠高尔夫轿车。负责人表示："今年（2013年）年中会的时候也送了十辆高尔夫轿车，每辆16万元，这次想提高一下档次，便改送20多万元一辆的奔驰轿车。"

这家当时被媒体广为报道的阔气公司正是大疆。作为中国企业引领世界科技创新的代表，大疆凭借无与伦比的消费级无人机产品，自2011年起到2015年，公司销售收入增长了近百倍，成为全球范围内成长最快的科技公司。

大疆精灵（Phantom 2 Vision+）无人机被美国《时代》杂志评选为2014年度"十大科技产品"之一，科技大佬比尔·盖茨、好莱坞导演詹姆斯·卡梅隆等知名人士都是大疆的忠实粉丝。

在美国商业杂志《快公司》评选出的"2015年十大消费类电子产品创新型公司"的榜单中，大疆同谷歌、特斯拉一道位列前三。

在《经济学人》杂志发布的“全球最具影响力机器人产品”榜单上，15款产品中只有一款无人机产品、只有一款中国产品，即大疆无人机。

美国联邦航空局统计数据显示，截至2015年4月9日，在获批使用无人机的129家公司中，有61家在使用大疆无人机，使用大疆无人机的比例达47%，遥遥领先于第二位；而在另外695家正等待批准的公司中，也有近400家公司打算申请使用大疆无人机。

2015年3月27日下午，荷兰首相马克·吕特前往大疆位于深圳市南山区的总部参观。在参观的过程中，吕特与大疆创始人兼CEO的汪滔就“创新”话题展开交流。吕特亲自体验了大疆“如影（Ronin）”三轴手持云台，试飞了全球首款自带4K相机的专业航拍飞行器——大疆“悟”（Inspire 1），不仅将“悟”（Inspire 1）飞到了1000米以外的地方，还体验了一把“空中翱翔”的感觉。

汪滔向吕特介绍了大疆的科技创新成果和自己的创业故事，他表示：“大疆一直尊重梦想，勇于创新才能在全球无人机领域独占鳌头，成为全球无人机控制与航拍影像系统的领导者。我们也将继续把产品做到极致，以满足更多行业的应用需求，同时也希望能通过在高校举办创新赛事的方式，让更多年轻人登上梦想的舞台。”

吕特非常赞赏汪滔的创业精神和大疆的产品。吕特说：“有梦想的人很多，但实现梦想并为之奋斗终身的人少之又少，我相信更多优秀的国际人才在受到汪滔故事的启发后，愿意加入大疆。”

大疆收获了越来越多的关注，已经具备了全球影响力。到2015年，大疆的产品已经占据了全球消费级无人机市场70%的市场份额，其中有近八成的客户来自欧美国家。除了中国深圳总部，大疆还在中国北京和美国、德国、荷兰、日本等地设立了分公司，全球员工已超过3000人。

九年的发展时间，大疆不仅实现了裂变式增长，还掌握了民用无人机领域的话语权。大疆副总裁邵建伙自信地表示：“民用无人机行业的话语权，在大疆，在中国。”在邵建伙看来，大疆掌握着民用无人机的尖端自主研发技术，其产品已经领先国际同行一年半到两年。

拥有民用无人机行业话语权的大疆，也在积极参与制定该行业的国际规则。大疆还是小型无人机联盟的创始成员，将致力于同海外知名无人机企业、摄影器材制造商一道，共同完善行业规则。

对于中国制造，汪滔一直有一个心结：过去，在全球市场上，中国一直缺乏叫得响的产品，虽然已经具备良好的硬件基础，但是出口的产品基本都是靠“海量、低价”取胜。他认为这样的日子很憋屈。

汪滔的心结，正在被大疆的创新科技产品逐渐解开。

第4章

碾压对手：降维打击国内外的竞争对手

2016年，大疆占据了消费级无人机行业80%以上的市场份额，外国消费者对中国产品喜爱有加。美国的《时代》周刊称，这是有史以来最具有影响力的50件科技产品之一。

——汪　滔

1　消费级无人机市场由“蓝海”到“红海”

在1997年的《哈佛商业评论》年会上，W.钱·金（W. Chan Kim）和勤妮·莫博涅（Renee Mauborgne）第一次提出蓝海理论，后来他们又花费了七八年的时间去分析、论证该理论，最终形成了风靡一时的蓝海战略。2005年，《蓝海战略》一书出版，畅销全球。

蓝海战略提出了两种市场模型：蓝海市场和红海市场。

所谓蓝海市场，是指未知的市场空间，竞争压力小且资源丰富。首先发现并进入蓝海市场的企业，能够建立先发优势，获得行业超额利润，但大部分蓝海市场最终会变成红海市场。

所谓红海市场，则是指已知的市场空间，参与者众多，竞争激烈，充斥于其中的是具有相似模式的竞争者、惨烈的竞争、利润的萎缩以及激烈的价格战。同行企业之间，无论是技术、设备、工艺、产品，还是服务、价位，几乎都没有区别，同类企业的营销策略也是大同小异，企业生存艰难。因此在红海市场的企业必须具有个性和差异，做到“人无我有，人有我精”。

汪滔凭借精灵系列无人机发现了消费级多旋翼无人机市场的蓝海，引爆了民用消费级无人机的市场需求。从全球统计数据来看，无人机市场整体呈现快速上涨的趋势，其中，军用无人机市场涨幅平稳，2013—2016年年均复合增长率为4%，而民用无人机市场则明显增速更快，2013—2016年年均复合增长率为37%，并有进一步上涨的趋势。

通常，不管哪个领域，蓝海市场一旦呈现出巨大的发展前景，便会有一群“鲨鱼”蜂拥而至，惨烈厮杀，互相抢食。

民用消费级无人机主要面向个人消费者，一般为具备娱乐与航拍等功能的多旋翼机型，由飞行控制系统、动力系统、通信系统、云台及拍摄设备、地面控制站（遥控柄、平板、手机等）及机身等构成，而且操作简单、技术门槛较低。

由于进入壁垒较低，当大疆在消费级无人机市场一炮走红后，很多竞争对手也发现了机会，纷纷入局这一赛道。

尤其是2013年起，无人机江湖风起云涌，各路热钱纷纷涌入这一新兴市场，大量无人机企业在资本市场融资成功（见表4-1、表4-2、表4-3）。

表4-1　2013年无人机领域融资案例

月份	融资概况
1月	1. 大疆获得A轮1000万元人民币投资，投资方为麦星投资 2. 深之蓝海洋科技股份有限公司获得550万元人民币投资。深之蓝的主营业务是研发水下无人机，是中国第一家专业从事全系列水下机器人研发与生产的高科技企业
3月	江苏鸿鹄无人机应用科技有限公司获得天使轮100万元人民币融资

表4-2　2014年无人机领域融资案例

月份	融资概况
1月	1. 北京零零无限科技有限公司获得天使轮200万美元融资，投资方为真格基金 2. 深之蓝海洋科技股份有限公司获得1000万元人民币投资，投资方为泰达科投
3月	深之蓝海洋科技股份有限公司获得股权融资，投资方为雅瑞资本
4月	亿航智能获得来自乐搏资本创始合伙人杨宁的第一笔天使投资200万元人民币。不久，天使投资人徐小平又投了亿航智能Pre-A轮1000多万元人民币
8月	1. 北京数字绿土科技有限公司获得天使轮数百万元人民币融资，投资方为启赋资本 2. 广州奇志信息科技有限公司获得天使轮数百万元人民币融资，投资方为经纬创投
9月	极飞科技（XAIRCRAFT）获得A轮2000万美元融资，投资方为成为资本
10月	北京臻迪机器人有限公司获得A轮融资，金额未披露，投资方为中关村创投、佳讯飞鸿、华胜天成、楚祥投资
12月	亿航智能宣布获得GGV纪源资本领投的1000万美元的A轮融资

表4-3　2015年无人机领域融资案例

月份	融资概况
1月	1. 深之蓝海洋科技股份有限公司获得A轮3000万元人民币融资，投资方为源星资本 2. 零度智控（北京）获得A轮5000万元人民币融资，投资方为雷柏科技 3. 大疆获得B轮3000万美元融资，投资方为硅谷投资机构红杉资本。此前在2013年1月1日，大疆曾获得A轮1000万元人民币投资，投资方为麦星投资 4. 深圳市星图智控科技有限公司获得天使轮数百万元人民币融资，投资方为志成资本、天善资本

（续表）

月份	融资概况
2月	西安韦德沃德航空科技有限公司获得A轮数千万元人民币融资，投资方为深创投
3月	1. 珠海紫燕无人飞行器有限公司获得天使轮数百万元人民币融资，投资方为PreAngel、十维资本 2. 深圳飞马机器人科技有限公司获得天使轮6300万元人民币融资
4月	1. 成都纵横自动化技术有限公司获得1000万元人民币融资，投资方为德迅投资 2. 深之蓝海洋科技股份有限公司获得3000万元人民币投资 3. 深圳市欧拉空间科技有限公司获得天使轮数百万元人民币融资，投资方为分享投资 4. 深圳疆域智能科技获得天使轮融资，金额未披露，投资方为洪泰智造 5. 深圳科比特航空科技获得A轮2700万元人民币融资，投资方为国信证券、大族激光
5月	1. 北京数字绿土科技有限公司获得A轮数千万元人民币融资，投资方为朗玛峰创投、裕嘉投资 2. 大疆获得C轮7500万美元融资，投资方为硅谷风险投资公司加速合伙公司（Accel Partners） 3. 北京斯帕克科技有限公司获得天使轮数百万元人民币融资，投资方为明势资本 4. 天途航空技术发展（北京）有限公司获得A轮3000万元人民币融资，投资方未披露 5. 深圳市欧拉空间科技有限公司获得Pre-A轮数千万元人民币融资，投资方为集结号资本、弘道资本 6. 大疆获得3000万美元股权融资，投资方为新天域资本

（续表）

月份	融资概况
6月	1. 湖北易瓦特科技股份有限公司获得A轮近亿元人民币融资，投资方为信中利资本、华工科技、北斗基金 2. 西安因诺航空科技有限公司获得天使轮1000万元人民币融资 3. 深圳曼塔智能科技有限公司获得天使轮融资，金额未披露，投资方为雪莱特 4. 安阳全丰航空植保科技有限公司获得A轮1350万元人民币融资，投资方为新安创投
7月	1. 北京臻迪机器人有限公司获得B轮融资，金额未披露，投资方为大河创投、汇智联合 2. 北京观典航空科技股份有限公司向众多机构投资者定增融资1.5亿元人民币
8月	1. 致导科技（北京）有限公司获得天使轮至少200万美元融资，投资方为信天创投、浩方创投 2. 天峋创新（北京）科技有限公司获得天使轮数百万元人民币融资，投资方为雅瑞和宜资本管理（北京）有限责任公司 3. 深圳市星图智控科技有限公司获得A轮2000万元人民币融资，投资方为人人公司、天善资本 4. 亿航智能获得了B轮4200万美元融资，投资方为金浦集团、纪源资本、真格基金、乐搏资本、东方富海 5. 昊翔（Yuneec）获得了IT巨头英特尔6000万美元A轮融资 6. 深圳智航无人机有限公司获得天使轮数千万元人民币融资，投资方为北极光创投、顺丰控股
9月	1. 博雅工道（北京）机器人科技有限公司获得种子轮130万元人民币融资，投资方为上海永宣联创 2. 上海拓攻机器人有限公司获得天使轮融资，金额未披露，投资方为江苏润业投资有限公司、赛富投资基金 3. 一飞智控（天津）科技有限公司获得天使轮数百万元人民币融资，投资方为丰厚资本 4. 威海广泰加码无人机3.8亿元人民币控股助力天津全华时代航天科技发展有限公司

（续表）

月份	融资概况
10月	桂林飞宇科技股份有限公司获得战略融资，金额未披露，投资方为红杉资本中国
11月	1. 深圳飞豹航天航空科技有限公司宣布完成了A轮8000万元人民币融资，投资方为中国本土商业巨头宜华资本 2. 天津腾云智航科技有限公司获得天使轮1000万元人民币融资，投资方为中海达 3. 览意科技（上海）有限公司获得Pre-A轮600万元人民币融资，投资方为澎湃资本
12月	1. 北京博瑞空间科技发展有限公司获得天使轮融资，金额未披露，投资方为北斗资本、数联资本、中关村创投 2. 北京观典航空科技股份有限公司获得战略融资，金额未披露，投资方为瑞东资本

据《福布斯》报道，在2014年和2015年，全球无人机领域共发生122笔融资。而到了2016年，数据则急转直下，行业投资规模缩水近半，毕马威和CB Insights共同发布的风投报告显示，全球无人机行业在2016年第三季度只获得了13笔共计5500万美元的融资，相比第二季度13笔共计1.06亿美元的融资额减少近一半，与2015年第三季度12笔共计1.34亿美元的融资额相比大幅缩水。

从2013年1月到2015年5月，大疆先后进行五次融资，融资金额共计2亿美元，投资机构包括红杉中国、中恒星光、远瞻资本、麦星投资、Accel Partners等。

据统计，到2017年，全球共有近600家无人机公司，但其中获得融资的企业不足10%，绝大部分企业仍处于创业早期，且产品同质化极为严重。随着基础供应链的完善，越来越多的无人机初创企业在技术和市场层面均没有任何优势，商业附加价值和技术附加价值都很低。

大疆借助技术优势、资本助力、成本控制和新品的快速迭代，最终在众多海内外竞争对手中杀出重围，一骑绝尘。大疆作为最后的胜利者，占据了消费级无人机市场70%的份额，成为行业中绝对的龙头老大，并一直延续至今，让竞争对手感到无比绝望。

下面主要介绍跟大疆渊源颇深的几家主要竞争对手。

2 3DR：一家北美公司发起的强势挑战

总部设在美国加州伯克利的3D Robotics（简称“3DR”）是大疆面对的一个强大的海外竞争对手。3D Robotics当时是北美最大的消费级无人机制造商，由《连线》杂志前主编克里斯·安德森与佐迪·穆诺茨于2009年创立。值得一提的是，安德森也是著名畅销书《长尾理论》的作者。

2007年，安德森创办了DIY Drones社区，希望通过网络的力量，改进无人机的飞行控制软件，从而让无人机实现更稳定地飞行。DIY Drones 很快便成了全球无人机开发者、无人机发烧友的聚集地，汪滔当时就是该社区的资深用户。后来大疆转型开发多旋翼无人机，也是由于汪滔在该论坛受到了启发，因为多旋翼的开源飞行控制APM/Pixhawk便诞生于此，大疆早期的多旋翼飞行控制版本也是基于这个开源飞行控制体系。

穆诺茨是DIY Drones社区的第七个注册用户，他凭借自己开发的直升机飞行控制系统在2008年赢得了第一届Sparkfun AVC大赛冠军。获奖后，穆诺茨把自己的代码放到了DIY Drones上，引起了安德森的兴趣。两人相识后，安德森便邀其一起创立了3D Robotics。

创业早期，3D Robotics的商业模式是制作DIY无人机套件进行销售。在销售渠道方面，它主要是凭借DIY Drones社区的优势，每年能实现上百万美元的销售收入。

2012年年末，3D Robotics成功拿到了一笔500万美元的天使投资，安德森正式从《连线》离职，全职投入到3D Robotics公司的运营中，开始投入资源研发多旋翼无人机。

2014年，同汪滔打过官司的大疆北美分公司负责人奎恩加盟3D Robotics，出任SVP（高级副总裁）。当时，奎恩之所以选择同大疆庭外和解，接受汪滔给出的补偿方案，其中一部分原因在于，他已经收到了3D Robotics公司的邀请。

奎恩将大疆比作“歌利亚”，并将3D Robotics比喻为“最终战胜歌利亚的大卫”，他扬言要让全世界认识3D Robotics。

奎恩加盟后不久，3D Robotics即推出首款四旋翼无人机Iris。奎恩踌躇满志，希望发挥他的营销天赋，再次复制当初大疆精灵Phantom系列无人机在北美市场的辉煌战绩，但事与愿违，Iris和奎恩的表现都不能令人满意。

到了2015年，全球无人机市场持续升温，3D Robotics也获得了新一轮融资，决定同大疆死磕到底。安德森声称：“如果大疆是无人机界的苹果的话，我们就是无人机界的安卓。”言外之意是，开源属性将成为3D Robotics区别于大疆的竞争优势。

2015年4月，3D Robotics在赌城拉斯维加斯发布了新款消费级无人机Solo，这款无人机采用了不同于大疆的黑色外观，同时还具备大疆不支持的自主编写飞行路线功能。这款无人机被某些美国科技媒体誉为“有史以来最聪明的无人机”。3D Robotics公司对Solo寄予厚望，试图将它作为抗衡大疆的秘密武器。

然而，让安德森始料未及的是，2015年4月，大疆的最新产品大疆精灵Phantom 3抢先上市，共有大疆精灵Phantom 3 Professional和大疆精灵Phantom 3 Advanced两个版本。前者搭载的是4K镜头，而后者搭载的则是1080P摄像头。

2015年8月，大疆再次推出新品——面向入门级新飞手的大疆精灵3标准版（DJI Phantom 3 Standard）航拍无人机，售价仅为4799元。它具有高度稳定性、卓越飞行性能以及航拍画质，且更为智能便捷，具备“智能飞行”功能、2.7K超高清机载相机以及“平易近人”的定价等亮点。

作为对比，已经发布的Solo无人机却迟迟未能上市，而等用户好不容易拿到货，却又频频遇到组件、性能和售后问题。另外，Solo无人机飞行不稳定，甚至出现炸机和丢失等极端情况，这引起了大量买家的不满，3D Robotics的信誉为此大受影响。

直到2015年8月，与 Solo 搭配使用的云台上市，才让这款无人机最终拥有了视频拍摄的能力。

令3D Robotics措手不及的是，大疆此时又推出了功能更强大且定价只有1000美元的大疆精灵Phantom 3 Pro，其售价甚至比Solo的成本价还要低。

最终，踌躇满志备货10万台Solo、准备在无人机市场同大疆大干一场的3D Robotics溃不成军，仅仅销售出了2万台产品，剩余的产品全部积压在仓库。

2016年，3D Robotics不得不关闭工厂，并宣布退出消费级无人机市场，转向专业级市场，同时对无人机团队进行裁减，奎恩也不得不离开公司。

“我们不再制造Solo了，我们也不打算再制造无人机了。”安德森说。他表示3D Robotics将开始为其他无人机制造商开发软件，“其他公司在做硬件，所以我们不必做硬件了，我们可以专注在提供软件和服务方面。我喜欢这个思路。我们是一家硅谷公司，我们应该做的就是软件，那些中国公司应该做硬件”。

3 零度智控：多旋翼无人机大疆第一，零度智控第二

零度智控创始人杨建军，也是国内无人机领域的风云人物。杨建军出生于1981年，2002年从清华电子系毕业后，加入了二炮所。当时二炮所做了大量的巡航导弹模拟机，需要高速涡喷的无人飞行器。杨建军曾是飞行器项目组成员，一起开发飞行器的团队成员还有从航天科讯挖来的负责飞控的魏承赟，但是项目进展并不顺利，试飞时经常出现炸机情况。

由于项目迟迟得不到突破，杨建军便离开二炮所，于2007年在北京创立了零度智控，主要业务方向为无人机飞行控制技术。“零度”一词来自杨建军的“归零”理念，即发现问题一定要解决，因为任何一个微小的问题，如果得不到解决，都可能造成严重的后果，如果某个问题没有“归零”，没有解决，就不能开始下次试验。

当时杨建军为了找到解决航模技术中的相关数据链、飞行控制问题，特地前往深圳拜访同行，还慕名去了大疆位于莲花北村民房的办公场所。

杨建军去的时候，汪滔并不在，他先是和大疆的其他成员接触，结果三言两语说下来，双方都像是发现了新大陆，因为“行家一开口，就知有没有”。双方都惊喜地发现自己遇到了专家，大疆的员工还建议杨建军稍后再跟他们的创始人聊聊。

当天下午，杨建军见到了从香港赶回来的汪滔。在杨建军的印象中，当时的汪滔特别谦虚，又稍显消沉。当时大疆正处

于产品空窗期，飞行控制系统尚不成熟，经常出现炸机情况。

一番交流之后，杨建军提出以15万元的价格购买大疆的直升机飞行控制系统代码。汪滔对这个数字非常犹豫，此时的大疆已运行两年，即使不算自己的初始投入，后来陆迪、李泽湘和朱晓蕊先后给大疆投资50万元、100万元人民币，汪滔当时对大疆的估值为300万元。

因此，最后汪滔觉得价格不合适，并没有同意出售代码给杨建军。

杨建军也不以为意，他的公司并不缺钱，但感觉如果超出15万元，公司就完全可以自行开发软件系统。

零度智控的研发力量也很强大，团队成员大多是清华毕业生。很快杨建军就带领团队开发出了固定翼无人机飞行控制系统，凭借其以前二炮所的背景，公司拿到了不少军队订单，每月营收30余万元。杨建军很满意，一度小富即安。

2010年，之前同杨建军有过项目合作的魏承赟创立飞宇，凭借其玩具飞机飞行控制系统，公司很快做到千万元规模。此事对杨建军的触动很大，于是杨建军也下定决心扩大公司规模。但在为客户开发产品的过程中，杨建军越来越意识到固定翼无人机的局限性，同时也注意到了消费级多旋翼无人机领域的动向和市场潜力，于是开始研究多旋翼无人机。

零度智控从最开始发展固定翼核心控制系统，到后来扩展至多旋翼无人机领域，其技术覆盖面非常广，包括飞行控制、云台、CV、高清图传、双目、稳像在内的多个关键领域。

从时间上看，零度智控涉足多旋翼无人机领域是在2011年初，和大疆进入多旋翼无人机领域的时间基本相同，但推出产品要比大疆晚几个月。对此，杨建军的解释是：“当时有一个无人机领域非常重要的比赛——中国航空工业集团举办的‘中航杯’无人机竞技大赛，零度智控几乎把所有精力都投入到这件事上。”

“当时的大环境下，模拟无人机自动在航母上着舰的技术非常火热，我们的无人机可以在无人操作的情况下进行自动起飞和自动着舰，并挂住阻拦索。公司当时觉得这个技术很有前景，就配合了很多高校、研究所，给他们提供核心飞行控制系统参加比赛，并一举包揽了特等奖、一等奖和二等奖。‘中航杯’的成功使我们的飞行控制得到了业内的广泛认可。在接下来很长一段时间内，零度智控的产品成为众多行业用户采购的首选。”

参加“中航杯”耗费了零度智控大量的精力，使其在多旋翼无人机产品的推出时间上晚大疆一步，失去了市场先机。杨建军也感觉非常遗憾，他曾对媒体说：“人家在做，我们也在做，人家早了几个月出来好像一下子把市场都吸引过去了，我们也没办法，只好赶紧埋头干。虽然可惜，但无论怎么说，在多旋翼无人机领域，大疆是第一，零度智控就是第二，当时就是这样的市场格局。”

2016年5月，零度智控推出一款面向消费级无人机市场的新型产品——小型折叠无人机DOBBY，机身重量仅有199克，是2016年最受关注的无人机之一。同大疆精灵系列无人机不同的是，DOBBY主打小巧轻便，低空飞行，可放置于口袋，甚至可在室内飞行。

同年，零度智控获得了由高通创投、和源资本、千合资本等公司参与的B轮1.5亿元人民币的融资。

新产品的推出，加上巨额的融资，让杨建军雄心勃勃，决定在2016年大干一场，与大疆正面交锋。于是杨建军大量扩充团队，零度智控的员工从100多人扩张至500多人。

但是，DOBBY最终的市场表现并不如人意。当时消费级航拍无人机市场的用户需求以“高清图传+三轴云台”为主，但DOBBY并没有物理云台，抗风能力极差，电子防抖和续航性能也比较差，仅凭小巧这一卖点，还是未能撬动市场。

而且，由于杨建军对DOBBY寄予厚望，前期大量排产备货，占用了公司大量现金流，公司一度运营不畅。

2016年底，零度智控开始大幅裁员。

尽管在消费级多旋翼无人机市场进展不畅，但零度智控还有其他核心业务领域，比如专业无人机市场和无人机编队表演。零度智控成立初始便是瞄准专业无人机市场，拥有众多固定翼飞行器的专利。在无人机编队表演领域，其品牌形象已得到客户的广泛认可。零度智控曾经参与过的重大飞行记录包括庆祝改革开放40周年大型综艺晚会《追梦——改革开放再出发》、广东省庆祝改革开放40周年文艺晚会、珠海长隆跨年无人机灯光秀、2019年迪拜皇室的无人机灯光秀表演等。

遗憾的是，2021年5月，零度智控申请了破产重组。

4 亿航：第一家上市的无人机企业

亿航创始人兼CEO胡华智同汪滔一样，是一位资深航模发烧友。胡华智还在北京创建了全国第一家航空航天模型博物馆。

胡华智毕业于清华大学，擅长软件开发，毕业后从事IT行业，先后为2008年北京奥运会、2010年上海世博会、2010年广州亚运会等重大项目提供指挥调动系统解决方案。

胡华智很早就开始研究航模技术。2004年，他就和朋友一起研制了国内第一架共轴双桨直升机；2005年，他们又设计制造了涡轮喷气式发动机和喷气式直升机。

大疆的大疆精灵Phantom无人机引爆市场后，也点燃了胡华智的激情，他关闭了公司，停止了以前的业务，开始研究多旋翼无人机技术。

2014年3月，胡华智研发出了无人机样机Ghost 1.0。在清华大学附近的咖啡馆向投资人展示该款无人机时，胡华智遇到了刚从海外归国的熊逸放。此人也是一名少年得志的英才，他1989年出生，比1977年出生的胡华智小了12岁，毕业于新加坡南阳理工大学，大学期间就开始创业，先后创办过中文团购网站、手机PS切图软件公司等，后又前往美国杜克大学商学院攻读硕士学位，其间，还开发了一个情侣社区App“Chapter”。

两人简单聊过之后，一拍即合，决定共同创业。胡华智又找来多年的朋友、当时独轮车 Segway 的亚太经销商杨镇全，三人一起创立了亿航。

当时国内正值无人机热潮，众多创业者在融资，同时各路资本也在找优质项目。亿航的团队背景，再加上其已经开发出了无人机产品雏形，使其在资本市场上颇受欢迎。

2014年4月，胡华智通过朋友介绍，认识了天使投资人乐搏资本的创始合伙人杨宁，拿到了200万元人民币的天使投资。很快，杨宁介绍的天使投资人徐小平也给亿航投了 Pre-A 轮，总计1000多万元人民币的投资。

2014年5月，亿航用其产品Ghost在国内众筹平台点名时间开启众筹，最终筹到37万元；7月，Ghost再次出现在淘宝众筹，最终筹到20多万元；11月，Ghost在Indiegogo发起众筹，最终以86万美元的众筹金额打破中国科技产品海外众筹纪录。

熊逸放还利用其美国留学背景成立了亿航美国分公司。在Indiegogo平台众筹前，亿航被 Tech Crunch 评选为“美国站全球最受欢迎初创企业”冠军，荣获硅谷高创会 Innovation Star 年度“创新之星”称号。

2014年12月30日，亿航宣布获得GGV纪源资本领投的1000万美元的A轮融资。8个月后的2015年8月，亿航再次完成由金浦投资领投的高达4200万美元的B轮融资。

尽管融资拿到手软，但是亿航在消费级无人机领域一直没有拿得出手的成熟产品。一位无人机爱好者曾表示：“亿航的消费级无人机和大疆的相差太悬殊了，根本没法儿相提并论，亿航的无人机没有遥控，我只飞过一次就丢在一边没再飞过了。”

在2016年1月份的CES上，亿航展示了第二代四旋翼无人机Ghost 2，而且还发布了一款载人飞行器亿航184，因其新颖的概念而成为各大媒体报道的对象。

但是亿航的消费级无人机产品，在大疆面前，依然不够看。而且，两个月后的2016年3月，大疆新产品大疆精灵Phantom 4 的推出，几乎让包括零度智控、亿航等一切消费级领域的无人机产品灰飞烟灭。

2016年底，亿航裁员70人，波及多个部门，包括软件、开发、物流、销售、电商、客服。2017年12月，亿航又关掉了美国的全资控股分公司，遣散了美国分公司员工，将业务全部转移回国内。美国加州法庭公布的信息显示，亿航美国分公司资产在10~50万美元，而债务高达100~1000万美元。

亿航资金链几乎断裂。GGV资本作为零度智控和亿航的共同投资方，还提议让双方合并融资。为此，零度智控的杨建军和胡华智还进行了当面沟通，但最终并没有谈拢合作，也未实现合并。

这是胡华智和亿航最艰难的时刻。后来，雷帝网创始人雷建平在专访时问胡华智："你觉得最难的时候是什么时候？"

胡华智的回答是："2016年底开始，我面临着财务投资人对我的一些压力，投资人对我一定是有财务要求的，也希望我不一定非要做我梦想的飞机，也可以做一个航拍飞机，可以变成第二个大疆，也可以产生巨大的销售额，那投资人一定会非常开心。所以，那时候我们也会花大量的精力做一些其他方面的销售和市场。

当然，要做这么大型的销售市场，不烧钱，至少不小幅度烧钱是做不出来的。但是，我们没有那么多钱烧，我们有航拍机，也有一些行业应用的飞机，也需要标准的销售，标准的市场，那我们一定要投入，而且是大量的投入。

所以我们在2016年之前载人的飞机和航拍的飞机是同时在做的。

做这么大型的产品，而且还有大部分的现金被挪到消费级的飞机和行业飞机中去了，而用了少部分的资金来完成了我们的梦想，那时候大部分的现金被消耗掉了，账上剩下的资金非常非常少。

……

2016年后半年到2017年我几乎每天都住在办公室，就没回过家。后来总算熬过来了，非常漂亮地打了个翻身仗。”

走出困境后，胡华智开始带领亿航寻求差异化竞争市场，退出了消费级多旋翼无人机市场，不再同大疆硬抗。

另辟蹊径的亿航，在应用级无人机领域，找到了适合自己的差异化赛道。

第一，智慧城市管理。简单来说就是为地方政府和企业提供交通管理、安防监测等软件系统。

第二，空中新媒体。比如无人机灯光表演。早在2017年2月，亿航在广州小蛮腰夜空上演元宵节“天幕流星 · 千机变”1000架无人机灯光秀，就创下了“数量最多的无人机编队飞行表演”世界纪录。

第三，空中交通。包含两个方面：其一，无人机物流；其二，无人机载客（AAV）。

2019年，亿航智能在美国纳斯达克挂牌上市，招股书中明确了空中交通、空中新媒体以及智慧城市管理三大业务，募资约4600万美元，以发行价计算，亿航市值为6.8亿美元，亿航也成了全球首家上市的无人机企业。

自2016年亿航发布了全球首款载人级自动驾驶飞行器，到2019年12月5日，亿航已完成38台载人级自动驾驶飞行器的商业化交付。

2020年，接连在美国、韩国等世界各地完成无人机载人飞行试飞的亿航，影响力越来越大。2020年第三季度，亿航成功扭亏为盈，获得了市场的喝彩。

不过，相对消费级无人机，应用级无人机往往有更高的技术要求和安全要求，门槛更高。胡华智曾说："这是最难走的一条路，因为一旦涉及载人，产品就必须有极高的安全系数，这不是一朝一夕能生产出来的，而是需要长时间的研发投入和积累。"

5 昊翔：英特尔CEO亲自为其站台

当汪滔受航模爱好者论坛 DIY Drones和新西兰代理商启发，决定开发多旋翼飞行控制系统时，在昆山的田瑜也注意到了无人机市场的新变化，开始调研多旋翼无人机。田瑜是中誉电子的创始人，曾开发出著名的固定翼航模飞行器“火鸟”系列，累计销量数百万台，在航模界具有极高的知名度。

基于中誉电子创立的昊翔电能运动科技（昆山）有限公司（以下简称“昊翔”）成立于1999年，田瑜的夫人兼联合创始人江文彦，曾在香港科技大学进修MBA，由此通过香港科技大学的李泽湘同汪滔牵上了线。

当时决定开发多旋翼无人机的汪滔，正到处找投资人，在导师李泽湘的推荐下，汪滔去参观了田瑜位于昆山的工厂，并同田瑜相谈甚欢。汪滔提出希望对方向大疆投资3000万元人民币。田瑜表示同意，但提出了一个条件，要求共享大疆的系统代码。汪滔考虑再三，最终没有同意对方的要求，融资合作也就不了了之。

投资大疆的事项搁浅后，田瑜提出做多旋翼无人机，但被江文彦否决。这无形中给大疆制造了机会，其实相对而言，昊翔的资金实力更强。

后来，除了继续生产航模产品，昊翔开始利用其生产基地为美国地平线模型（Horizon Hobby）公司代工，生产其Blade系列四轴多旋翼飞行器。

随着越来越多的厂商杀入多旋翼飞行器市场，昊翔终于决定入局该市场，但走的并不是自主研发的道路，而是技术整合的道路。昊翔找到美国著名的飞行控制器开发团队KMel Robotics，委托其进行飞行控制算法开发。后来昊翔推出的、在Typhoon H之前的多旋翼无人机都是“KMel Robotics飞行控制 + Horizon Hobby 遥控器 + Wi-Fi 图传”的组合。该无人机产品较为成熟，但性能中规中矩，并没有出彩之处。

2015年，昊翔的这种产品开发模式被迫停止，因为高通公司收购了KMel Robotics，同时，高通希望投资昊翔，但被英特尔抢了先，昊翔自然不便再找已属于高通的KMel Robotics去做飞行控制系统。

2015年，昊翔从英特尔公司获得6000万美元融资。此前，英特尔CEO布莱恩·科再奇曾亲自前往昊翔同田瑜洽谈投资事宜。在传统 PC 市场趋于饱和，以电脑芯片解决方案起家的英特尔在积极寻求新的市场机会，尤其在错失手机市场之后，开始痛定思痛，积极寻求下一个增长点和投资机会。

根据Crunchbase数据显示，这也是昊翔唯一的一次融资。昊翔表示：“结合英特尔科技，昊翔智能多旋翼无人机能够创造出更多可能。”

2016年，昊翔推出了新款搭载了避障系统 Real Sense 的无人机 Typhoon H，并在当年1月份于美国拉斯维加斯举办的CES展会上展出。当时该展馆南馆的整个馆区的一半展台基本上是无人机，而且基本上是来自中国公司的无人机产品。

英特尔CEO布莱恩·科再奇亲临展会现场，为昊翔无人机站台。

但在两个月后推出的大疆精灵Phantom 4面前，昊翔、零度智控、亿航等企业推出的无人机产品，基本上都没有经营优势可言。

让昊翔更为元气大伤的是，田瑜因婚外情同江文彦陷入了官司纠纷。最终，二人离婚，田瑜离开昊翔，远走海外。接着，江文彦出任公司董事会主席，并任命了新的CEO，同时削减了田瑜主导的产品线和产品计划。

田瑜离开后，不到一年时间，昊翔的产品总监、项目总监、电子开发部总监、结构设计总监，以及两任全球市场总监、全球人力资源总监、欧洲区CEO、中国区销售总监、运营副总裁、投资总监等核心高管纷纷辞职，昊翔昆山工厂研发团队裁员100余人，生产部门裁员超过400人，公司新组建的硅谷研发中心团队负责人同总部之间也时常发生矛盾，而国内仅剩的一家代理商也因产品售后问题同昊翔分道扬镳。

公司管理层面的震荡令昊翔元气大伤，昊翔的消费级无人机产品在强大的大疆面前，渐渐被淹没在这一轮的无人机寒潮中，昊翔仅剩下行业级的产品还在支撑。

不过，昊翔在江文彦的主导下，依然在坚持研究无人机智能化及安全飞行方向，仍然是行业内极具影响力的公司。后来昊翔还曾再次试水消费级无人机，研发了六轴以及八轴的多旋翼无人机，此为后话。

6 极飞科技和小米，大疆精灵3与精灵4

极飞科技的彭斌曾先于汪滔做出多旋翼无人机，尽管产品不成熟，无法实现悬停，但还是凭借先发优势，在2011年就实现了年营收2000万元、年利润400万元。

2011年，大疆推出飞行控制系统 WooKong-M，解决了无人机悬停的难题。彭斌见状非常激动，立即调集人力，用了将近一年的时间，也攻克了无人机悬停的难题。

彭斌的一位天使投资人极力撮合极飞科技同顺丰实现合作。

2013年9月，彭斌带领极飞科技的团队前往顺丰深圳总部，亲自为顺丰总裁王卫做无人机演示。极飞科技开发的多旋翼无人机从数公里外的一个顺丰仓库起飞，自动降落在王卫办公室的阳台上，彭斌上前将无人机携带的包裹取下，递给了王卫。

王卫对彭斌的无人机性能比较满意，但希望极飞科技能加入顺丰的系统。彭斌也是一个同汪滔一样野心勃勃的创始人，自然不甘心被顺丰收编，而是希望在双方的合作中占据主动权。后来，彭斌还提议联合顺丰、四通一达和EMS共同打造一个无人机物流网络，但王卫对此态度冷淡。双方断断续续谈判了一年多，最后也没能达成合作。

而这期间，大疆已经凭借精灵系列无人机占领了消费级无人机市场，极飞科技在消费级多旋翼无人机市场上并没有太大作为。

2014年9月，汪滔和彭斌在深圳会面。汪滔劝对方放弃对飞行控制的研究，可由大疆给极飞科技提供飞行控制技术，作为合作条件，大疆和极飞科技可以通过交换股权来达成。彭斌并没有接受汪滔的提议，不过也没再进入消费级无人机市场，而是转向了行业级无人机领域。

小米也尝试做过消费级无人机，2014年其投资了小米生态链企业飞米科技，主要做无人机、运动相机、云台相机、云台等智能视讯产品的研发。

2013年，汪滔和雷军曾有过一面之缘。当时，汪滔和同学（也是大疆股东之一）谢嘉，应小米邀请，亲自前往雷军办公室，送给对方一台大疆精灵Phantom 1，并洽谈合作事宜。

当时的小米尽管刚成立两年多，但已是行业巨头公司，2012年小米实现销售收入126亿元。因此，雷军自恃身份，并没有表现得太主动，而汪滔希望的是将大疆的飞行控制系统出售给小米，作为试探，汪滔询问是否可以将大疆的无人机放在小米商城售卖。

雷军并没有正面回答，而是提议双方可以共同开发一款性价比更强的消费级无人机。历来主张以工匠精神做产品的汪滔，对低价产品并不感兴趣。双方的交流不欢而散，最终也未达成任何合作。

2014年，眼看无人机市场越来越火热，而飞米科技却迟迟推不出成型的无人机产品。小米联合创始人、高级副总裁刘德作为代表，再次接触汪滔，提出希望投资大疆的意愿，并可以将飞米科技划给大疆，然后由大疆帮助小米做自主品牌的无人机，小米方面可以用飞米科技和营销渠道同大疆换股。

但此时的形势已不同于一年前汪滔见雷军时，在当时，汪滔或许会答应小米代表现在提出的合作条件，而这一次，汪滔拒绝了对方的合作提议。

首先，2014年，大疆的大疆精灵Phantom 2已经推出，且表现强势，横扫无人机市场。大疆形势良好，并不缺钱，也不缺合作伙伴。

其次，小米的性价比路线和大疆的高品质、高利润模式是冲突的，汪滔担心给小米贴牌，会影响大疆的毛利率。

最后，2014年，红杉资本已经向大疆投资。有了红杉资本的加持，让汪滔感觉雷军似乎没有那么重要了，而且，在汪滔看来，红杉资本的沈南鹏和雷军的性格很类似，都属于外表谦和、内心坚定的人，这样的投资人有一个就已足够。

无人机市场的火热仍在持续，2015年3月，大疆推出大疆精灵Phantom 3。这款产品集合了大疆开发的相机、数字图传系统和3轴云台，集成度极高，是一款真正意义上的四旋翼无人机。

在一些大疆内部人士眼里，大疆精灵Phantom 3的发布称得上是无人机领域的平津战役，大疆一役封神，横扫一切竞争对手。

同时，大疆精灵Phantom 3的推出也让汪滔松了一口气。因为Phantom 1并没有大疆自主研发的相机， Phantom 2同GoPro取消了合作，也没有太多的革新，而且，当时无人机行业的创业者层出不穷，热钱弥漫，只要竞争对手推出类似大疆精灵Phantom 1 或大疆精灵Phantom 2的产品，再结合资本打价格战，都能对大疆形成巨大的冲击。

但在2014年、2015年，除了大疆，放眼国内外，整个消费级无人机领域竟然再也找不出一个像样的产品。而等竞争对手推出成形产品时，大疆则快速迭代，又推出了大疆精灵Phantom 4。它有三大亮点——自动避障、指点飞行和视觉追踪，这三大创新功能把竞争对手的产品远远甩出了几条街。

从2016年底开始，先是零度智控宣布裁员百余人。随后，亿航裁员70人、昊翔裁员百余人，Lily Robotics、斯凯智能倒闭。

汪滔说过在圈内流传甚广的一句话，大意是：森林里面发大水，大水把小动物们全部冲死，最后剩一头长颈鹿。而他就是那头长颈鹿。

大疆凭借技术优势和产品的快速创新迭代，垄断了全球消费级无人机市场。仅仅5年的时间，大疆凭借着技术上的碾压，实现了市场上的垄断，拿下了全球80%以上的民用无人机市场份额。从此，民用无人机企业分成了两类——大疆和其他，其他品牌通通被归到了“其他”。

第5章

行业霸主：垄断全球消费级无人机市场

文化、价值观、产品的二等公民我做腻了，期待我们的产品也可以早日让美国五体投地！

——汪　滔

1 大运用：全球无人机消费品领域的先锋者

2015年1月26日凌晨，在美国华盛顿，一架来历不明的小型无人驾驶飞机闯入白宫，降落在白宫地面。白宫特工处经过安全调查后，发现了事情的真相：一名美国政府情报官员当晚喝醉酒后，从朋友处借了一台四旋翼无人机，饶有兴趣地把玩，但由于自己操作失误，导致这台无人机降落在了白宫。后经证实，这台无人机就是由中国科技公司大疆生产的精灵系列无人机。这起曾轰动全美的无人机事件，也让大疆无人机名声大噪。

2015年2月7日，在章子怡36岁的生日晚宴上，汪峰借助一台白色四旋翼无人飞行器，将一枚9.15克拉的钻戒送到了章子怡的面前，对其浪漫求婚。面对突如其来的浪漫和惊喜，在众多亲友的见证下，章子怡激动地落泪道“我愿意”，答应了汪峰的求婚。

借助无人机求婚的新奇方式，让汪峰成功登上了头条。汪峰不仅登上了娱乐头条，还登上了很多科技媒体的头条，因为汪峰用来“空运”求婚戒指的无人机是大疆精灵Phantom 2 Vision+ 无人机，与闯入美国白宫的大疆无人机是同款。

当天，大疆创始人汪滔对外声称，汪峰使用的无人机就是大疆生产的产品，产品型号是Phantom 2 Vision+。汪滔还特意指出，大疆无人机出现在求婚现场，是汪峰自己的行为，并不是大疆的一项商业策划。

大疆无人机借此再一次名声大噪。随着越来越多的大疆无人机被销往全球各地，大疆无人机也开始被应用于各种场景，获得了越来越高的曝光度。

2015年3月，英国媒体爆出，有犯罪分子用大疆制造的大疆精灵Phantom 2 无人机向英国贝德福德郡监狱内偷运毒品、手机和武器，给监狱管理带来了不小的困扰和麻烦。

2015年4月，大疆无人机重演了美国白宫的一幕，无人机被不明人员控制，“入侵”了日本首相官邸。无人机携带着放射性物质，降落在日本首相官邸屋顶，这令日本举国皆惊。

2015年4月，尼泊尔发生8.1级大地震，大疆无人机被救援人员用于航拍、绘制灾区的地图。

大疆无人机还曾出现在叙利亚战场，被反对派截获。在《权力的游戏》和最新一部《星球大战》电影的拍摄现场，也出现了大疆无人机。大疆无人机在热门美剧《神盾局特工》《智能缉凶》《摩登家庭》中也露过脸，而美剧《国土安全》第三季中的很多航拍镜头，也都是由大疆无人机完成的。

大疆无人机已经垄断了全球超过70%的消费级无人机市场份额，且其竞争优势仍在进一步扩大。其销售市场主要集中在欧美国家，占其过去总销售额的80%。大疆的产品从无人机飞行控制系统到整体航拍方案、从多轴云台到高清图传，已被广泛用于航拍、电影、农业、地产、新闻、消防、救援、能源、遥感测绘、野生动物保护等领域，并不断地融入个人电子消费市场，这使得大疆成为全球业绩增长最快的科技公司之一。

日本某无人机制造商的高管表示：“我们的材料成本占比

需要达到智能手机价格的2倍，才能制造出与大疆具有相同功能的产品。”也就是说，竞争对手生产同等质量的产品，材料成本将会是大疆的3～4倍。

相对于成本优势，大疆的技术优势才是最重要的“护城河”，是对手难以逾越的竞争壁垒。据前瞻产业研究院的数据显示，2014—2017年，大疆的专利申请数量一直位居行业首位，连续4年排名第一。世界知识产权组织此前公布的数据显示，2018年大疆的专利申请数量高达938项，位列全球第29位（非无人机行业）。日本专利分析公司Patent Result表示，大疆是日本在该行业最大的专利持有者之一，其专利持有数量是其最大竞争对手的3倍多。该公司认为，这就是大疆“技术先进的证明”。

汪滔曾发表过这样一条朋友圈：“文化、价值观、产品的二等公民我做腻了，期待我们的产品也可以早日让美国五体投地！”

在无人机领域，汪滔让大疆的产品风靡美国，彻底摆脱了二等公民待遇。不仅如此，汪滔还让中国产品从科技领域的“追赶者”变为“领跑者”。

全球企业增长咨询公司Frost & Sullivan（美国）分析师迈克尔·布雷兹说：“所有人都在追赶大疆的脚步，它就是中国的苹果！”《华尔街日报》也表示：“大疆是首个在全球主要的科技消费产品领域成为先锋者的中国企业。”

2015年，汪滔接受《福布斯》杂志专访。记者提问道：“大疆的增长更多地受益于每一款新产品的技术突破。当未来你只能做出技术的优化，而不是突破时，那会怎么样呢？那时，你的竞争对手有机会打败你吗？”

汪滔表示：“您所描述的事情会在三年内发生。我们的竞争对手在那之前日子应该过得还不错。我相信这个行业到那时将成为低利润行业。但是，这一切都取决于大疆的脚步。如果大疆想让这个行业变成低利润行业，那么这个行业就会是低利润的。如果大疆想让它维持高利润，那么这个行业在很长时间内仍将是高利润行业。我们必须非常积极地向前发展。”

汪滔自信地回答，彰显出大疆在全球无人机领域的先锋者地位和主导优势。

2 竞价融资：前无古人、后无来者的融资模式

从2013年1月到2015年5月，大疆一共完成了五次融资，总融资金额超过两亿美元，投资机构包括红杉中国、中恒星光、Accel Partners等。其中，2015年，Accel Partners的投资金额为7500万美元。

真正将大疆推到业界神坛的是2018年的一场融资，这也是大疆有史以来最大的一笔融资，拥有强势地位的大疆开启了全新的融资模式——竞价融资。这种类似工程招标一样的方式竟然被用到了融资上，这在创投圈可谓是闻所未闻，刷新了人们的认知。

事实上，那些能够融资成功的创业者和公司，被无一不是千里挑一甚至是万里挑一的幸运儿。

每一家投资机构，都有一支精干睿智的运作团队，他们一年中能够看得上的项目可能非常有限，很多风险投资合伙人一年可能要看几千个项目，但最终决定投资的却不过两三个，VC（Venture Capital，风险投资）们对项目的挑选可谓千里挑一。对此，美国中经合集团董事、总经理张颖可谓深有体会："整个2006年，我们看过3000份商业计划书，与600家公司见面聊过，最后只投资了3家；从2006年9月到现在，我们甚至一家公司都没有投资。当然，最近有两三个案子接近最终投资。"

2014年12月，俞敏洪和盛希泰共同创立天使基金——洪泰基金。2015年刚过了一半，俞敏洪的洪泰基金就已收到了

五六千份来自创业者的商业计划书。但洪泰基金只从中选取了七八十个项目，投资了4亿多元人民币。

由此可见，创业者和风投的“联姻”很难。

而且，VC和创业者达成初步的合作意向后，还会对创始人、创业公司团队和创业项目进行全面的尽职调查，调查时间短则一个月，长则三个月。

一旦进入正式的调查流程，VC就会组建尽职调查团队，人员包括审计师团队、律师团队、外聘的行业咨询公司、技术咨询顾问，有的甚至还会聘用私家侦探来调查目标公司创始人的背景。调查的范围包括公司的财务、法律、业务、行业、团队等，基本上全面覆盖。调查的方法分内部调查和外部调查，包括各种访谈、求证、查阅等。毫不夸张地讲，在尽职调查的过程中，VC丝毫不怕麻烦，他们会将目标公司的方方面面翻个底朝天。

在尽职调查中，创业者本人更是重点的调查对象，其工作能力、教育经历、家庭背景、性格人品等都将是VC尽职调查的内容。VC如此谨慎的目的只有一个，那就是确保自己没有看错人，确保自己投进去的巨额资金能得到妥善运用。

2013年2月，达晨投资了一家名为上海语镜汽车信息技术有限公司的车联网公司，这家公司生产一种内置GPS和SIM卡的智能车载设备。

在做出投资决策之前，达晨的投资经理程仁田将全球车联网的发展现状、趋势、车联网保险等领域全部研究了一遍，光研究报告就有110页之多。投资前，为了深入了解项目，他每个月都出差去上海，在语镜公司里一坐就是一整天，一聊就是三四个小时。

大疆的新一轮融资完全扭转了融资公司在融资过程中的被动局面，表现出了前所未有的强势。2018年4月初，大疆新一轮10亿美元股权融资曝光。这次融资，大疆采用了超乎寻常的融资方式——竞价融资。

对于潜在投资者，大疆设定的条件为：满足适用法律下的相关合格投资人或成熟投资人的标准，满足融资材料中的最低认购要求，完整填写并签署认购申请表，且需缴纳10万美元作为保证金。

根据大疆设定的竞价融资规则，投资机构必须首先认购一定比例无收益的大疆D类普通股，才能获得B类普通股的投资资格，D类普通股本质上是一种“无息债”。

大疆并未对投资者公开其财务数据。参与此次竞价融资活动的某投资机构透露：“大疆从不主动给投资人发财报，甚至前几轮的领投机构都没有拿到，想知道的话，CFO会口述一个财报里的数据，大疆很强硬，即使是业务贡献突出的合作方，也没有受到优待。”

2018年4月3日，大疆在发给竞价投资方的邮件中称：“目前市面上很多打着旗号说保证可以拿到份额的中间人，大家千万不要上当受骗，因为公司不会接受任何人的推荐，所做的选择仅依据大家D类/B类股认购比例的高低。大家更不要花钱托中间人或者大疆内部员工来说自家的好话，这样只会为自己减分，白花冤枉钱。”

大疆作为强势甲方的态度展露无遗，尽管大疆的融资条件苛刻，但面对这样一个优质的融资标的，投资者却表现出了前所未有的热情。首轮竞价结束，总计有近100家投资机构向大疆递交了保证金和竞价申请，认购金额超过了大疆计划融资的30倍。

为进一步筛选投资者，大疆又启动了第二轮竞价融资。2018年4月15日下午，大疆公布了第二轮竞价融资的最新进展：截至当日15时30分，最高5亿美元（单个投资机构投资额上限）的平均D类/B类股的认购比例为1.61：1。

期间，有部分投资人提出要对大疆进行尽职调查，但遭到了汪滔的拒绝。对于此轮融资，汪滔早就定下了基调——既不进行业绩对赌，不承诺上市时间，也不放开投资人对公司的内部尽职调查，而且投资人不得影响和干预大疆的正常运营。

部分投资者由于不满意大疆苛刻的融资条件和强硬的态度，选择了退出。另外大部分的投资者则坚持到了最后，他们看中的是大疆的高成长性和未来。

公开数据显示，2017年，大疆营业收入为175.7亿元人民币，同比增长79.6%，净利润为43亿元人民币，同比增长123.2%。2017年，大疆消费级无人机的全球市场占有率超过70%，消费级无人机业务占大疆营收总额的85%。

最终，经过了好几轮的筛选，在2018年4月，大疆成功完成10亿美元的战略融资。

3 美国也制裁不了的大疆无人机

1997年2月，美国首次发布“实体清单”（Entity List），当时主要用该清单来限制境外与大规模杀伤性武器有关的实体，后来该清单内容扩展至从事被美国国务院所制裁和禁止的活动以及危害美国国家安全和外交利益的实体。一旦进入这个名单，就会失去在美国的部分贸易机会。

2018年3月22日至2021年12月18日，美国政府先后把611家中国公司、机构及个人纳入“实体清单”中。美国“实体清单”通常被称作美国商务部工业和安全局（BIS）的贸易黑名单。

验证一个中国企业是否有全球竞争力的核心技术，其中一个重要标准是看其有没有被美国制裁。被列入美国“实体清单”的知名企业包括华为、中兴、中芯国际、浪潮、熊猫电子等，它们都是中国企业走向海外的优秀代表，也是科技创新的成功典范。

大疆也于2020年12月18日，被美国列入“实体清单”。早在2016年，美国就有议员以数据安全为由，发起提案，要求限制大疆的发展。

2017年，美国正式发起对大疆的调查。美国国防部对大疆发布禁令，要求陆海空三军禁用大疆生产的设备，包括大疆生产的电池也必须进行更换。之所以发布此禁令，是因为美国陆军和美国空军私下已成为大疆的大用户，大疆的消费级无人机被普遍用于美军的行动中。

甚至有消息透漏，在禁令发布后，美国空军在对比测试了本土的Tiny Whoop、Ebee、3DR Solo无人机产品后，发现它们都无法满足其需求，于是向上级打了采购报告称："由于作战任务紧急又缺乏本土替代品，希望特批采购35架大疆无人机Mavic Pro铂金版。"

美军希望采购大疆无人机，并没有太复杂的原因。大疆产品打动这些特殊用户的核心缘由只有一点——物美价廉又好用，在美国市场找不到性能接近的替代品。

美军的购买，还带动了英国、伊朗等国的军队对大疆无人机的消费潮。

对大疆名存实亡的禁令并未持续太久，2018年，美国国防部就取消了这一禁令，因为其他同等价位的竞品，根本不具备大疆无人机的性能。

2018年5月，美国陆军再次以备忘录的形式，要求所有下属部队停止采购和使用大疆的产品，禁用大疆的一切无人机产品。而据CNN披露的采购单等消息，美国陆军下达禁令后的1年时间里，"不大听话"的美国海军和美国空军，分别花费了近19万美元和5万美元购买大疆制造的无人机。

2019年，美国国防部下属的国防创新局为了禁用大疆的产品，还推出过一个"蓝色无人机"计划，试图为美军和联邦政府部门提供替代中国产品的"安全选项"，在封禁大疆的同时，还为5家大疆的竞争对手公司开出了白名单，声称这5家公司的无人机是美国陆军和国防创新局合作了18个月挑出来的

“最佳无人机”。

但是，后来英国媒体曝光了一份文件，显示“白名单”企业的无人机产品平均售价高达2100美元，远远高于大疆的同类产品，而性能却不如后者，根本无法打动其潜在用户。

美国联邦贸易委员会积极配合美国国防部，宣布要打击“虚假美国制造”，为真正的美国制造设定了三个附加条件：

第一，产品的最终组装和加工环节必须在美国。

第二，产品的所有重要加工环节在美国。

第三，产品绝大部分零部件产自美国。

结果却发现，美国本土根本没有无人机的供应链。无人机所需的相机、云台、机身、电池等核心部件都是由中国供应的。

在小型民用无人机领域，美国根本拿不出能摆脱中国技术和中国供应链的替代产品。

面对美国的禁令，大疆则高调地宣布产品涨价以作为回击。北美市场的大疆无人机产品全面涨价，幅度在120 ~ 230美元，平均涨幅在10% ~ 13%。然而涨价潮并没有抑制美国民众的消费热情，反而在美国市场激起了一波集中购买潮，大疆产品的市场占有率一度冲到85%。

美国对大疆产品的遏制从未停止。不久，美国方面又称，大疆无人机会将一些敏感的数据传回中国，存在安全问题。对此，大疆方面回应称：“大疆一直以来高度重视信息安全问题，我们技术的安全性已经在全球得到反复验证，其中也包括美国政府和美国领先企业的独立验证。当用户使用大疆的无人机或其他技术产品时，其所生产、存储和传输的数据都完全由用户掌握。此外，大疆还提供特殊的模式以满足不同客户的信息安全管理需要，比如断开网络连接的本地数据模式、私有云部署模式等。”

同时，为消除美国的疑虑，大疆还在美国发布了一款未安装任何无线通信设备的无人机，用户如要拷贝数据，则需通过数据线完成。

但美国并未就此罢休，2020年12月18日，美国以“安全”问题为由，将大疆列入“实体清单”之中。

2022年3月，大疆又遭到了美国Figma设计软件的封杀。这家美国公司直接给大疆发了一封邮件，告知大疆账号被冻结的事宜。

从2016年到2022年，长达六年的时间里，美国对大疆的制裁不断加码，但制裁的结果却是，大疆在北美消费级无人机市场始终保持着70%以上的市场占有率。美国根本制裁不动大疆。

原因何在？因为大疆拥有民用无人机领域无可替代的核心技术和核心竞争力。用大疆公关总监谢阗地的话说就是：“大疆无人机能拆开的每一个零件都是我们自己生产的，底层代码也都是我们自己的，无论是专利还是研究方法，任何无人机公司都很难绕过大疆。”

4 汪滔：中国最会赚钱的“80后”CEO

《晚点LatePost》报道称，在大疆精灵系列无人机引爆市场之前，汪滔的导师、大疆董事李泽湘特意去了一趟硅谷，同红杉资本全球合伙人迈克尔·莫里茨会面。

针对大疆的产品，莫里茨给李泽湘提出了三条建议。

第一，把产品做到极致。“把平凡的事做到极致，你就是伟人。”产品也是如此，产品是基础，好产品是征服市场的关键。只要产品好，不管它来自世界哪个角落，都可以做成品牌。

第二，从硅谷切入，从硅谷科技公司老板切入。莫里茨建议，想要把科技产品打造成国际品牌，就要先从全球科技创新的圣地硅谷切入，尤其是要将那些硅谷的高科技公司老板作为超级用户和超级意见领袖。

第三，优秀人才是保障。企业要想实现长远发展，必须要有匹配的人才战略。

回国后，李泽湘就莫里茨的建议同汪滔进行了深度交流。汪滔结合大疆的资源情况和所处的市场环境，确定了大疆接下来的发展战略：

第一，大力招揽优秀人才。汪滔特别注重对顶尖技术人才的招揽，因为他们是大疆技术研发和产品创新的源泉。

第二，控制成本，打造极致的产品，快速迭代。这后来成为大疆攻占市场的核心竞争优势。

第三，进驻苹果商店。2015年，大疆同苹果达成合作，大疆在全球苹果零售店中上架了大疆精灵Phantom 3，提升了自身的品牌影响力。据称，那时比尔·盖茨为了用大疆无人机，还专门购买了一部苹果手机。

第四，拓展全球市场。大疆是国际化程度最高的中国企业之一，其营收高度依赖北美、欧洲等海外市场。

以上策略，汪滔执行得堪称完美。到了2016年，距离大疆第一代精灵产品推出仅4年，大疆已经作为最后的胜利者，占据了全球消费级无人机市场70%的份额，成为行业绝对的龙头老大，并一直延续至今。李泽湘对汪滔和大疆的评价是："大疆不是第一个做飞行控制的，关键是，当时这几个年轻人能不被传统的山寨思维左右，自己去定义这个产品，并做到极致，所以，他们走出来了。"

2015年7月10日，汪滔参加由李克强总理主持召开的座谈会并发言，那是汪滔与总理的第一次见面。座谈会上，汪滔向总理呼吁："我们的社会，在娱乐明星之外，还应该有工程师和发明家式的'明星'人物。"总理回应说："你的市场份额占到70%了，这个成就还小吗？你就是明星！"

2016年10月12日，全国大众创业万众创新活动周暨第二届深圳国际创客周在深圳拉开序幕。当天下午，在中外创客领袖座谈会期间，大疆CEO汪滔与苹果公司CEO蒂姆·库克、腾讯公司董事会主席马化腾、阿里巴巴集团CEO马云、富士康董事长郭台铭等国内外知名企业家一起向莅临现场的国务院总理李克强表达了各自对创新和创业的思考。

汪滔在发言中指出——

“深圳有个城市观念叫‘敢为天下先’，经过改革开放30多年的积累，我们这一代人真正有了在国际上叫板的底气。

2012年，当我们第一次把消费级无人机推向市场的时候，很多人不相信大疆是一家中国企业。论飞行器，美国的技术积累冠绝全球；论照相机，日本的技术一直遥遥领先。按道理来说，‘会飞的照相机’要么是由美国公司生产出来，要么是由日本公司生产出来。为什么让一家中国公司捷足先登？

答案就是深圳的产业环境。这里拥有当今世界上最好的智能硬件产业链，让我们有底气赶超西方同行，通过10年奋斗迅速成长起来。

改革开放30多年来，我们国家建立了完善的产业链，融入了全球消费市场并且培养了大量的科技人才。尤其是近年来，这些优势逐渐积累，已经在一些领域产生了质变。一大批优秀企业，在国际竞争中占得先机，甚至成为领头羊。”

大疆其实也是汪滔所言的行业领头羊，已经在国际竞争中占得先机。

2018年，大疆以竞价融资的方式获得了10亿美元的战略融资。融资前，大疆投前估值已高达150亿美元，如果算上D类股，大疆投后估值或超240亿美元，是超级独角兽企业。

独角兽企业的概念，最初是由种子轮基金Cowboy Ventures创始人Aileen Lee于2013年提出，是指那些具有发展速度快、数量稀少，拥有投资者追求的目标等属性的创业企业。标准是创业不超过10年、企业估值超过10亿美元。其中，估值超过100亿美元的企业被称为“超级独角兽”。

即使放眼全球，大疆也是当之无愧的超级独角兽企业。

汪滔的身价也水涨船高，在《2018胡润80后富豪榜》上，汪滔的个人资产已达450亿元人民币。白手起家的他也一度被媒体称为“中国最会赚钱的年轻人”。

不过，由于大疆还未上市，所以各个机构对汪滔身价的评估结果并不一致。2020年11月2日，汪滔以470亿元人民币的财富位列《2020胡润80后白手起家富豪榜》第4位。2020年，汪滔以320.3亿元人民币的财富位列《2020福布斯中国400富豪榜》第102位。2021年，汪滔以48亿美元的身价，位列《福布斯全球富豪榜》第589位。

在媒体看来，汪滔是中国最会赚钱的“80后”CEO。

5 汪滔的品位与大疆的工匠精神

“你问我对产品的直觉从哪里来，这最终得由你的品位来决定。”史蒂夫·乔布斯的这句话，很符合汪滔的价值观。

品位是大疆企业愿景的一个具象，即要“兼具工程师的技术和设计师的品位，通过无可挑剔的作品体现层次和能力；极端厌弃抄袭、鄙视庸俗，只做完美产品”。

汪滔曾公开表示：“我们不会设想去做世界二、三流产品，靠便宜取胜——便宜，是自己没本事，拿不出好货来。我们已经不太习惯再去做一个达不到全世界最高要求的产品了，所有人都不习惯了。”

大疆副总裁潘农菲理解的品位则是——“行业资本都希望寻找下一个大疆，有的想去寻找大疆的高性价比版本。这个高性价比可能是中国高科技产业的一个‘发明’，其实就是一个廉价的版本。这个跟大疆的思考是不一样的，我们一直希望提供一个更有品位的产品，让用户用一个体面的价格买到体面的产品、获得体面的感受。”

在大疆，汪滔经常强调品位：“在我们的父辈时代，中国一直缺乏能打动世界的产品，中国制造也始终摆脱不了靠性价比优势获得市场的局面。现在这个时代，企业的成功应该有不一样的思想和价值观，大疆愿意专注地做出真正好的产品，改变这种让人不太自豪的现状。”

在汪滔的价值体系中，“品位”可以说是企业的核心竞争力，“商业决策也好，产品设计也好，技术取舍也好，最终都会落在品位上”；“品位”可以是企业的文化和价值观，“我们不是为了有品位而有品位，我们只是非常崇尚一个比较酷、比较美好的东西，在追求美的过程中会转化成一种战斗力，最终才会做出好产品”；“品位”也可以是追求极致产品的工匠精神，即便是在创业之初，每个月只能卖出几十个产品，生存艰难之时，汪滔也坚持把产品做成全世界最好的。

汪滔对工匠精神的理解是：“真正的魔法，是用5000个点子磨出1个产品，好想法要变成好产品，需要大量的加工。”

2016年全国“两会”期间，“工匠精神”首次被写入政府工作报告，旋即成为高频热词。工匠精神在汪滔眼里不是用来包装产品的热词，而是真正以激进、固执的力量投入创新，将产品做到极致，用征服工程师的品质征服客户。

汪滔说：“我们总在跟自己较劲，死抠细节，每一个产品尽全力做到99.9%的极致完美度。从90%做到99%对比从60%做到90%，其间的差距看起来很小，却需要投入大量的时间、人力、资金和技术成本在更多的细节上。”

“偏执创新，极致产品”一度是大疆的愿景，这份充满工匠精神的愿景在大疆的员工认知和产品研发中得到了彻底落实。一位已经离职的大疆前员工透露：“老板做事以精品为导向，对于设计不好的东西，会很直接地骂‘这是什么垃圾’。”

2016年8月13日，在CCF-GAIR全球人工智能与机器人峰会上，大疆副总裁王帆表示：“未来，我们还要做得更加精细、更加精准，就是要把99%变成99.9%，这就是工匠精神。”

媒体记者提出：“工匠精神，究竟是如何体现在大疆的产品上的呢？”

王帆的回答是：“我们最引以为傲的是室内外复杂条件下的精准悬停技术。‘悬停’是多旋翼无人机最基本的能力。三维位置、三维角度、三维速度、三维加速度、三维角速度，这十五个需要测量的状态都对多旋翼无人机保持稳定飞行有至关重要的作用。

控制器通过一系列‘串级控制’来调整飞行姿态。已知三维位置并始终锁定在悬停位置，这里的控制量是一个目标的悬停速度。当飞行器位于悬停位置时，目标悬停速度为0；当飞行器偏离悬停位置时，目标悬停速度不为0，方向趋于悬停位置。

大疆的组合导航技术结合GPS、惯性测量元件、地磁指南针和气压计各自的优缺点，通过处理电子信号、融合多种传感器的测量值，获得较为准确的飞行器十五个状态量的测量结果。

从室内到室外，无缝对接，我们的产品不会产生任何偏移，这才是基本的、关键的、核心的，而不是其他花哨的功能。”

2017年，大疆发布了首款掌上无人机“晓”（Spark），这款无人机可实现人脸识别开机起飞与手势识别操控，彻底让无人机摆脱遥控器控制，而且，它的轴距仅为Mavic Pro的一半。Spark的诞生并非一蹴而就。大疆工程师“YY硕”在知乎上称，该产品是大疆近百位工程师无数个日日夜夜努力的成果——

“Spark继承着Phantom和Mavic两款惊世之作的血脉，相比于前两款作品，其轴距缩小了近50%。尺寸的缩小给内部芯片、传感器和电路的安放都造成了极大的困难，但是近百位工程师经过日夜努力，不仅克服了这些困难，还让Spark内部的飞行控制系统和人工智能系统青出于蓝而胜于蓝，展现出了始终如一的稳定性和更加便捷的功能。这是一段漫长而极富工匠精神的旅途。”

富于工匠精神的旅途，才能诞生工匠品质的产品。

后来，互联网思维概念大火，汪滔却不喜欢提及互联网思维。在他看来，大疆作为一家科技公司，科研本身更为重要：“产品套上互联网这层皮，感觉好像很高大上，但还是掩盖不了事情的本质。比如，一件产品没办法将欧美市场变成核心市场，当它在中国市场卖饱和后，只能跑到一个更落后的地方，在一个更没品位的地方卖出去。”

汪滔深知，互联网思维只是一个工具，它本身并不能替代产品品质，也不可能让二流产品变身为一流产品。正是因为汪滔及其团队对品位和工匠精神的坚守，才有了世界级品质的大疆无人机。

6 自带“紧箍咒”，共建行业健康生态

零和游戏，又被称为“游戏理论”或“零和博弈”，源于博弈论（game theory），是指一项游戏中，游戏参与者有输有赢，一方所赢正是另一方所输，而游戏的总成绩永远为零。一般被用于有赢家必有输家的竞争与对抗。

2013—2016年的消费级无人机市场，从某种意义上讲，就是参与者的零和游戏。整个行业，除了大疆获得了垄断性竞争优势，垄断了市场，一家独大，其他竞争对手基本都是输家，或裁员，或倒闭，或转型。

当时，亿航CEO胡华智就对媒体表示：“在目前的竞争环境下，消费级无人机确实难有较好盈利。”

吉利控股集团董事长李书福有一个观点：“市场不同情弱者。”他表示：“企业和市场的关系，我的简单理解就是，企业要老老实实地按照市场的要求去设计、制造商品，为消费者提供需要的商品，赢得企业的效益，同时也参与市场上企业所需要的采购，它是一个循环。企业再怎么大，在市场面前都是非常渺小的，无论有多厉害，在用户面前也都是非常渺小的。市场是一片浩瀚的大海，它是惊涛拍岸的，是汹涌无比的，是毫不留情的。有一句话叫，‘竞争不相信眼泪，不同情弱者’。市场就是这样无情的。企业在用户面前就是孙子，用户就是最厉害的，我想这就是企业和市场以及用户的关系。”

市场竞争当然不同情弱者。大疆成为全球消费级无人机行

业的领头羊，也是由于自身综合竞争力的爆发。不过，当企业取得行业优势、竞争地位甚至垄断地位，成为行业主导者和引领者时，在追求企业自身利益的同时也应当致力于共建行业健康生态。因为，行业竞争并不全是零和游戏，也可以实现合作共赢。退一步讲，大疆作为消费级无人机行业的领头羊和受益者，行业健康发展，企业利益就有保障，而如果行业处于恶性竞争，甚至没有竞争，如一潭死水，那迟早也会损害大疆自身的利益。

2015年，大疆副总裁邵建伙在接受媒体采访时就指出当时的无人机市场存在恶意竞争，比如，在产品开发上，存在跟风抄袭、模仿等行为，导致产品大同小异，很多参与者最终只能靠打价格战来销售产品。

邵建伙称："行业竞争不是零和游戏，而是谋求共赢。"

大疆作为行业主导者，也正在致力于推进共建无人机行业的健康生态和开放生态，实现共赢。

从2015年开始，大疆逐渐开放产品的SDK（软件开发套件）开发平台，在确保飞行控制系统安全的基础上，允许外部的开发者为无人机设计、搭载不同的应用功能，比如开发手机应用（App），实现相机控制、飞行数据搜集，甚至拍摄大楼进行3D建模等。

邵建伙称："通过这些年的积累，大疆在飞行控制系统和无人机技术上，用一砖一瓦搭建起了一座高楼大厦。现在，大家可以在楼顶远眺，在大疆提供的平台上，畅想无尽可能。"

在邵建伙看来，通过大疆无人机平台，各种创新应用可以大大缩短开发周期和降低技术门槛，一切工作不必都从零开始，这将有助于激发行业的创新活力。

2018年5月7日，在微软Build 2018开发者大会上，大疆同微软公司达成战略合作，大疆将会为旗下无人机推出Window 10 SDK（Software Development Kit，软件开发工具包），开发者可以应用微软的开发工具为大疆无人机开发软件，实现自动飞行、自主飞行、实时数据流传输等功能。这意味着行业生态进一步开放，大疆的无人机技术将开放给全球近7亿的Windows 10用户。大疆无人机作为一个飞行平台，各行业开发者可以通过大疆提供的代码库向无人机输出复杂的控制指令，以便开发出符合不同用户群体需求的移动应用程序。

大疆表示，无人机行业非常依赖整个行业生态，里面不仅需要大疆这样的无人机主机设备提供商，还需要专业的服务机构，比如无人机数据公司、农业植保队，以及需要大量的应用开发者。行业"生态搭建者"或将是大疆对自己未来的定位。

同时，为了营造更健康的行业发展环境，大疆还自带"紧箍咒"，比如，为消费级航拍无人机设定了相对高度为120米的飞行限制，将锂电池的续航能力设计为25分钟，把最远图像回传距离设定为1.7千米，还将国内外一些要害区域设为禁飞区，如此一来，民用无人机就不容易失控，最大限度地避免给企业带来不可预知的风险。

邵建伙称："我们希望无人机变得更加安全、可控、可靠。努力让整个行业健康发展，这是企业应尽的社会责任。任何一家企业的产品出现状况，蒙受伤害的就会是整个行业。”

未来，大疆将持续以开放的姿态求发展，共建行业健康生态，保障消费级无人机行业健康成长。

第 6 章

潜在挑战：当消费级无人机遭遇天花板

无人机市场即将接近饱和，大疆的收入到200亿元也就到顶了。

——汪　滔

1 飞到“顶”的消费级无人机市场

绝大多数信奉天主教的法国人，在建造房屋时，会在外墙上凿出一个不大的神龛（Niche），用来供放圣母玛利亚。神龛虽然空间不大，但边界清晰，内有乾坤。在英语里，Niche还有一个意思，即悬崖上的石缝。人们登山时，通常要借助这些微小的缝隙作为支点，一点点向上攀登。20世纪80年代，美国商学院的学者们开始将Niche这个词引入市场营销领域，创造了一个新词“niche market”——利基市场，即高度专门化需求的市场。

菲利普·科特勒在《营销管理》中对利基的定义是：利基是更窄地确定某些群体，这是一个小市场并且它的需要没有被服务好，或者说“有获取利益的基础”。通过对市场的细分，企业集中力量于某个特定的目标市场，或严格针对一个细分市场，或重点经营一个产品和服务，创造出产品和服务优势。

理想的利基市场具有六个特征：

第一，狭小的产品市场，宽广的地域市场。

第二，具有持续发展的潜力。利基市场的目标顾客有持续增多的趋势，利基市场可以进一步细分，企业便可以在这个市场上持续发展。

第三，市场较小、差异性较大，以至于强大的竞争者对该市场不屑一顾。

第四，企业所具备的能力和资源与其对这个市场提供优质的产品或服务相称。

第五，企业已在客户中建立了良好的品牌声誉，能够以此抵挡强大竞争者的入侵。

第六，这个行业最好还没有统治者。

消费级无人机市场是典型的利基市场，相对于大众市场，利基市场属于小众市场。在大众市场，企业的主要受众群体是普通消费者，他们是社会上最大的消费群体，也是对价格敏感的群体，他们关注的是物美价廉，要求产品既能满足生活的基本需求，又美观耐用。针对这些大众群体，企业要满足他们的需求，就要看市场和竞争对手生产什么，然后想方设法降低成本，以在同质化的产品中脱颖而出。小众市场主要针对特定人群，最初是高端消费人群，因为他们已经不再满足于生活的基本需求，而是追求更高层次的享受，以体现他们的个性、身份和地位。

处于利基市场中的企业，由于市场容量有限，迟早会遇到增长极限的问题，触碰到行业的天花板。

万通集团董事局主席冯仑在《行在宽处》中写道："我们从企业内外两个方面来说，首先来看看对企业增长影响最大的外部因素是什么。第一个就是市场规模。有些行业规模很大，有些行业规模并不大，我们看近20年房地产行业出现了很多大富豪，其中一个原因就是这个行业的市场规模足够大。而对于一些小行业，比如梳子的市场规模就很小，哪怕是已经做到全国第一的檀木匠，一年的利润也就一亿多元。但如果放在房地产行业，可能一个项目的利润都会有上百亿元。所以如果你的企业所处的行业非常小，那你的企业想成为一家突破增长极限、快速发展的企业就很难。”

当前，消费级无人机市场的头部效应已经呈现，而据深圳海关相关数据显示，仅2017年上半年，大疆的全球市场份额就高达70%，2018年全年仅比2017年增长了2%。2020年，大疆估值超过 1660 亿元，在《2020中国独角兽榜单TOP100》中排名第七，是一家垄断全球市场的中国科技巨头。

智研咨询发布的《2021—2027年中国无人机行业市场全景调查及市场分析预测报告》显示：中国无人机行业的发展，特别是民用无人机的发展走在世界前列。根据IDC的数据统计，深圳市大疆创新科技有限公司占据着全球消费级无人机市场70%以上的份额，在全球民用无人机企业中排名第一。

“大疆的成功在于开创了非专业无人驾驶飞行器市场。”Frost & Sullivan 分析师迈克尔·布雷兹曾如此总结道。大疆的龙头地位毋庸置疑，但问题在于，大疆太过于专注消费级无人机这一市场。

在消费级无人机领域，无人机并不像手机一样是大众必需品，不可能做到人手一机，只有小部分人群能成为无人机的用户。在该利基市场，消费升级带来的需求增长并不明显，限飞政策的不稳定更加剧了市场的不确定性。

有业内人士也指出：“消费级无人机市场就这么大，大疆已是王者，从商业角度来讲，很少有巨头厂商会在这个领域再去挑战它。”

大疆鲜有挑战者，但成长空间也越来越有限。对此，汪滔也早有清醒的认识。在2016年接受采访时他就表示，无人机市场即将接近饱和，大疆的收入到200亿元也就到顶了。

据前瞻产业研究院发布的《2018—2023年中国无人机行业市场需求预测及投资战略规划分析报告》数据显示：2013—2017年，大疆销售收入持续增长，从8.2亿元增至175.7亿元，年增速最高近300%；2015—2017年，大疆的销售额增速虽有所放缓，但也维持在60%以上。此后，大疆方面就再也没有公布过任何业绩数据。

大疆公关部门表示，作为一家私营企业，大疆不方便对外透露销售额、利润、资产估值或者投资者等消息。但有知情人士指出，随着消费级无人机市场规模的增速放缓，大疆近年来的销售收入增长情况也在进一步放缓，其增长数据并不理想。

可以肯定的是，当下的大疆已经不复前几年的高速增长态势，已经触碰到了无人机行业的天花板，企业增长乏力。

面对几乎飞到顶的消费级无人机市场，大疆如何寻找新的市场增长点，是汪滔面临的一大挑战。我们说过汪滔AQ（逆商）极高，在他看来，这可能又是一次自我蜕变的机会。

2 逆境重现：限飞政策加剧了市场的不确定性

使用过大疆无人机的用户都知道，大疆无人机是有禁飞区的，这属于商业无人机的强制安全措施。禁飞区分为完全禁止飞行和限制飞行高度两种。限高的区域一般是限制120米高度。在完全禁止飞行的区域，无人机将无法启动电机。

民用消费级无人机作为一种航空器材，由于其使用场地的特殊性和敏感性，历来面临着严格的行业监管和限飞政策。

早在2015年，大疆为了应对北美和欧洲市场的飞行安全政策，就采用了新型飞行安全系统Geospatial Environment Online（GEO），由美国加州的地理空间数据公司AirMap提供数据支持。GEO为大疆无人机产品的用户实时提供有关所在区域的飞行限制和安全提示等信息，比如监狱、发电站等已被美国联邦航空局（FAA）规定为限制飞行的地区。

在系统默认设置中，大疆无人机将无法飞入一些敏感区域或从这些区域内部升空。

大疆政策与法律事务副总裁布兰登·舒尔曼（Brendan Schulman）指出："大疆在两年多前建立了飞行区域限制体系。这一举措，既加强了飞行安全，又灵活地给予用户自主权，更加巩固了其行业领导地位。我们相信，此次安全系统的重大升级将进一步促使无人机操纵者主动了解当地飞行环境，对于何时何地飞行能做出更理性的判断。"

在国内，大疆无人机也不断面临飞行安全方面的挑战和限制。

2017年，我国出现了越来越多的“黑飞”事件，某些无人机违规飞行，威胁到了民航飞行安全，导致航班调整、避让、备降、延误。例如，2017年5月12日，重庆机场就因受到无人机干扰导致60余个航班取消、40余个航班备降、140余个航班延误，上万名旅客的出行受到影响。同样的情形，在其他城市，如成都、昆明等也不断发生。

2017年5月18日，深圳警方对外通报了一起在当地机场净空保护区内操控无人机扰乱公共秩序的违法行为，一名无人机操作者被行政拘留，无人机被依法予以收缴。

同一天，在杭州西湖发生了一起无人机伤人事件，西湖边一名男子被一台撞树坠落的无人机割伤左眼。

面对越来越频繁的“黑飞”现象和无人机安全隐患，我国监管部门也在加大对无人机飞行的监管力度。

2017年5月16日，民航局正式下发《民用无人驾驶航空器实名制登记管理规定》（以下简称《规定》），要求自2017年6月1日起，在我国最大起飞重量为250克以上（含250克）的民用无人机的拥有者必须进行实名登记。2017年8月31日后，民用无人机拥有者如果未按照本管理规定实施实名登记和粘贴登记标志的，其行为将被视为违反法规的非法行为。

针对监管政策，大疆在新闻发布会上表明了态度：

第一，希望发生在成都、重庆、昆明的一系列扰乱民航事件，能够尽快破案，还给整个行业一个清白。

第二，大疆在任何国家、任何地区都欢迎监管，从2015年开始，大疆先后向中国空军、民航、公安、无线电管理等机构建言献策，提供技术方面的可参考建议，并协助建立了一个监管框架。

第三，那些扰飞的事件并没有大疆无人机的参与，基于公开信息来判断，扰飞无人机是加装了额外的飞行控制系统的固定翼飞行器。

另外，为了解决“黑飞”的问题，大疆还准备了三种技术方案：

第一，制定多边形的禁飞区和限飞区策略。采用一个类似于糖果形状的禁飞区域技术，计算出比圆形区域更精确的多边形禁飞区域，使得无人机的可飞行区域更大，同时能保证阻断无人机进入禁飞区。

第二，大疆为其产品加装了ADS-B载人飞机预警系统，如果无人机在飞行的时候，检测到五六十千米外有一架飞机过来，用户手机就会收到提醒。

第三，大疆可提供无人机云系统，监管部门可以实时监控无人机的起降与飞行。必要时，监管部门还可以通过反制设备，在一些公共场合强迫无人机降落。

2017年5月23日，大疆副总裁邵建伙在新闻通气会上表示：“作为‘黑飞’事件后续影响的一部分，有些地方出台了‘一刀切’式的扩大化禁飞政策。这虽然有短期遏制事件恶化的作用，但从有效性和长效性来说，并没有解决问题。大疆建议科学管理、疏堵结合，一方面引导99.9%以上的守法用户，一方面更有效地管理好那0.1%的非合作目标。”

不过，新出台的限飞政策并没有影响大疆发布产品的节奏，在2017年5月23日的通气会上，大疆副总裁王帆表示，大疆会按照自己的既定产品战略推出后续产品。在王帆看来，以当时的技术，很难做出250克以下的性能出众的无人机产品，大疆不会因为追求250克而在产品性能上妥协。美国联邦航空局（FAA）此前也要求对250克以上的无人驾驶航空器进行登记，大疆也没有因此改变产品的重量。

2017年5月31日，大疆发布了新产品“晓”（Spark），这是一款迷你掌上无人机，重量为300克。

2021年6月，国家市场监管总局发布了《关于做好穿越机管控工作的通知》，包括阿里系、京东、拼多多、抖音在内的多家电商平台迅速对无人机及相关配件进行了下架和关键词屏蔽处理。据了解，此次禁售是为了迎接国家重大节日，禁售将持续到2021年7月15号。

与此同时，除了禁售外，全国还有九省、三直辖市发布了特殊时期的禁飞令。

近年来，我国政府从政策的角度出发，对无人机行业做出了诸多规范与限制，通过实名制注册、划定限飞区、加大惩治力度等方式，以期增强对无人机研发、销售、购买和应用的管理，从而减少无人机的“黑飞”现象，降低无人机的应用风险。

这对包括大疆在内的消费级无人机行业的从业者而言，有利有弊，这些政策在短期内会加大市场的不确定性，影响销量和营收，但从长期来看，任何一个行业监管政策的出台与实施，最终目的都不是限制行业的发展，而是让行业能够得到良性发展，同时减少那些不良的、不合规的现象。在大疆企业战略总监张晓楠看来，当前的监管力度，可能在短期内会造成恐慌，但一旦立法，民众可以按照这个法规登记，无人机厂商根据这个法规做了措施之后，这个行业才能有可控的发展。

3 大疆的七寸：供应链断供的风险

2018年8月，美国总统特朗普签署“国防授权法”，禁止美国政府机构和承包商使用华为的某些技术。11月，美国联合德国、意大利、日本等国封锁华为，弃用所有华为通信设备。

2019年5月，美国商务部又将华为及70家关联企业列入“实体清单”，规定如果没有美国政府的批准，华为将无法向美国企业购买元器件。

华为消费者业务CEO余承东称，美国的制裁导致华为手机在2019年的发货量少了6000万台，市场份额位于三星之后。

尽管面临美国的制裁，但2020年第二季度，华为仍然在全球智能手机市场上超越了三星，位居全球第一，这也是中国手机厂商首次领跑全球。

随即，美国加大了对华为的制裁力度。2020年9月15日，美国对华为的禁令生效，包括台积电、高通、三星、SK海力士及美光等在内的芯片巨头将不再给华为供应芯片。

华为高端芯片供应链被切断。针对美国政府的制裁，任正非在与几所大学的座谈中这样说：

“我们公司也曾想在突进无人区后做些贡献，以回报社会对我们的引导，也想点燃5G这个灯塔，但刚刚擦燃火柴，美国就一个大棒打下来，把我们打昏了，开始我们还以为是合规系统出了什么问题，在反思；结果第二棒、第三棒、第四棒……如此一棒棒打下来，我们才明白美国的一些政治家希望我们死。求生的欲望使我们振奋起来，寻找自救的道路。”

高端芯片的断供，直接冲击了华为的手机产业链。2019年，华为智能手机出货量高达2.4亿台，芯片断供后，华为将陷入“无芯可用”的绝境。

因为缺芯片，华为不得不将荣耀品牌打包出售；因为缺芯片，华为2021年营收锐减2500亿元，跌幅近三成。

华为核心配件供应链被切断事件，也为大疆的供应链安全敲响了警钟。

前文我们谈及了大疆的供应链优势，大疆作为技术导向的消费级无人机行业龙头企业，其飞行控制系统、云台、图传系统、相机等核心部件已实现了完全自主研发，另外，依托深圳的电子产业和供应链优势，也能很便捷地从国内供应商处获得无人机外壳、电池、传感器、GPS、动力系统、测绘仪器、电子元器件等部件。不过，无人机的主控芯片、部分系统控制芯片以及陀螺仪等高精尖部件仍需依赖海外供应商。

当前，大疆无人机主控芯片供应商主要有美国高通和英特尔，电源管理芯片供应商主要有TI、ADI公司，无线通信产品供应商主要有TI、Qorvo、高通，图像传输关键芯片产品也是由美国Ambarella（安霸）供应。

上述核心部件一旦断供，大疆在短期内将很难找到替代的供应商。

高度依赖海外市场的大疆，深知供应链安全的重要性，为了确保北美市场和供应链安全，2019年6月24日，大疆在美国发表了一篇题为《无人机安全：加强创新，减轻供应链风险》的公开信。大疆在信中表示："关于大疆产品安全性的猜测是完全错误的，大疆的客户可以完全自主控制数据。除非无人机用户本人进行主动操作，否则大疆无法获得无人机的飞行日志、照片或视频。大疆不会通过互联网自动传输这些数据，更不可能主动将数据发送到任何地方。

大疆在美国企业和政府机构中发挥着积极的作用，并为美国经济创造了价值。大量领先的美国企业信赖大疆。美国航空公司的技术人员已经使用大疆无人机检测飞机；美国联邦快递正在孟菲斯国际机场使用大疆无人机进行多种航空安全应用，来作为无人机系统集成试点项目的一部分；美国南方电力公司的员工使用大疆无人机检查电线并评估风暴造成的损坏。大疆无人机能够促进从业者安全生产，保护关键基础设施，维护他们的设备，并确保他们的信息安全。

我们相信，无论政府机构、企业，还是个人用户，都应该享受最安全、可靠、有保障的技术。在美国政府积极制定无人机管理规则的同时，我们敦促美国政府评估事实，以合理的政策促进技术创新、经济增长和公共安全。"

作为一家企业，大疆显然无力对抗强大的美国政府，此举是为了赢得特朗普政府的信任，以确保海外市场安全和供应链的通畅。

同时，为了应对美国的贸易和安全限制，摆脱供应链风险，大疆于2019年1月在位于加利福尼亚州喜瑞都市（Cerritos）的大疆售后服务中心进行了组装生产测试，计划在美国建立深圳总部之外的首个组装生产线。

2021年7月12日，有消息称，大疆将在美国建设除中国以外的第一个无人机组装厂，新建的工厂将利用位于加利福尼亚州的现有仓库，组装无人机。负责大疆北美业务的战略合作负责人 Jan Gasparic 表示，该工厂将成为大疆在中国以外的第一个无人机组装基地，但是该工厂距离投产可能还需要一段较长的时间。

2022年2月，美国UI设计协作工具软件Figma封禁大疆相关账号，但大疆称可以在国内寻求替代的解决方案。

为了应对可能出现的供应链断供风险，大疆在芯片、4K/8K、传感器、激光雷达、车载辅助驾驶系统等领域的研发投入已经超40亿元。虽然部分领域已经取得成果，但全面突破仍需长期的投入和坚持。

但无论如何，在全球化合作和全球化供应的时代，任何一家企业都不可能掌握供应链上的每一个环节，大疆也不例外，无人机的数百个零部件不可能实现100%自主研发。

但在全球呈现出明显割裂和对抗趋势的当下，贸易战和制裁的大棒被美国政府频频挥出，高度依赖海外市场，核心芯片高度依赖美国供应商的大疆，不得不做好最坏的打算，假如未来来自美国的制裁进一步升级，相对于业务更加多元化的华为，业务相对单一的大疆所受到的冲击可能更为致命。

4 “抓间谍”与反腐败

“近几个月以来，公司处理了不少涉嫌严重贪腐的人员……截至目前，公司处理了涉嫌腐败和渎职行为的员工45人。其中涉及供应链决策腐败的研发、采购人员最多，共计26人；销售、行政、售后、工厂共计19人。问题严重移交司法处理的有16人，直接开除的共计29人。”这是2019年大疆内部群发邮件中的内容。

2018年，大疆开始推动管理改革，原本是要改善管理和优化流程。在这个过程中，大疆却意外发现公司的研发人员、采购人员、品控人员存在大量腐败行为。在其他体系中，也存在销售人员、行政人员、售后和工厂人员利用手中权力和流程漏洞搞腐败获取个人利益的情况。

2018年，大疆供应链系统的贪腐问题导致企业平均采购价格超过合理水平的20%以上，给公司造成了10亿元人民币的损失。

大疆此次反腐力度之大，前所未有，内部群发邮件中还附有贪腐人员名单。不过，某位在贪腐名单中的被处理的大疆前员工则隔空喊话大疆创始人汪滔，表达了自己的不服和质疑。他在微信公众号海伦星球《致Frank的一封信》中写道：“抓典型可以，但也得讲求实际证据吧。如果非要这么做，那就是瞎搞。公告贪腐名单上面的人，一半以上都是冤枉的，被扣帽子的。”

另外，也有部分大疆的离职员工对大疆的上述反腐行动提出了质疑，认为很多人都是被冤枉的。

对此，大疆在2019年1月30日发布的《大疆创新关于反对职务腐败的公开信》中指出："一些被辞退的涉事员工自我辩白，在公司内外添油加醋地散播谣言，将负责反腐内审工作的同事描述为派系社团，掩饰甚至美化自己的工作过失与不当行为。这些内容并不新鲜，各类企业、机构在推进廉洁诚信建设的工作时，流传的谣言总是惊人地相似。"

内部腐败问题对大疆的产业链产生了严重的负面影响。大疆在公开信中指出，从原材料采购、半成品加工，到最后成为企业可用的零件，即使每一环节的腐败只使得采购成本上升5%～10%，但当经过三层产业链到达企业时，成本在无形中就增加了15%～30%，这种损失程度令人触目惊心。

事实上，汪滔对公司内部的贪腐问题早有察觉，而大疆的内部腐败问题由来已久。汪滔早就处理过内部"抓间谍"和反腐败的问题。

早在2015年接受《福布斯》专访的时候，汪滔就回答过《福布斯》提出的"抓间谍"的问题："我们发现有人在偷我们的代码。深圳警方已经将案件进行了登记，深圳政府也给予了支持。我们还有一个员工在离职前收集了设计图，后来卖给了别人。

公司的第二个员工，那个因为没有得到足够股份而离职的员工，卖过山寨我们的飞行控制器。我是怎么知道的？他被他的客户背叛了，他的客户想要跟我们达成协议，所以背叛了他。你知道这名员工怎么山寨我们的产品吗？他雇用仍然为我们工作的员工，然后使用公司内部的设施。

这件事是整个社会的缩影，‘狗咬狗’是常事。在这样的环境下，大疆的成功来之不易。只要我们的产品很棒，我们就可以忽略那些人，继续前进。我讨厌这种‘狗咬狗’的文化。

外国的环境可以让人做更多具有开放性的事情。例如，你可以让你的代码开源，而不用担心有人会复制它。但是，如果你在中国这样做，你就等着大批的山寨品吧。”

2019年，大疆反腐的重点部门是采购部，该部门历来是大疆最难管的部门之一。汪滔曾对《福布斯》讲述过详情：

“供应链中最严重的问题是回扣。每个月我们的采购金额高达数千万元人民币，所以就算采购人员只拿1%的回扣，也是一个很大的数目。

有一个供应商卖给我们的东西价格非常高，但后来突然决定终止我们的合作伙伴关系。我很困惑，与我们合作，他们赚的钱比卖给其他人要多得多。那么，为什么不想继续跟我做生意呢？后来我发现，如果供应商没有很好地应对我们的采购人员，采购人员就会想办法给供应商‘穿小鞋’。例如，他们会给供应商下要立即兑现的订单，这根本不可能做到。或者，他们会突然取消订单或在产品质量检测时为难供应商。

采购部门几乎所有的员工都在去年被开除了。这是一个10人以上规模的部门。我们现在在采购部门引入了竞争机制，但我不能告诉你具体内容。这是商业机密。”

为了防止内部腐败，2017年，大疆就加入了由百度、京东、腾讯等13家行业领军企业共同发起的“阳光诚信联盟”，共同推行守法、诚信经营的商业环境，同时致力于提升成员内控部门的履职能力和员工的职业道德建设。

为了防内鬼，大疆内部有严格的保密措施。位于深圳的大疆总部，监控系统密布，每一层楼都有保安和摄像头，如果不具备相应楼层的权限，即使是大疆员工也无法进入。大疆员工除了私人手机，还有一部公司配发的手机。在公司，员工的电脑、手机和聊天工具，都是受监控的。

尽管如此，腐败行为还是层出不穷，这令汪滔非常不满。汪滔曾在给新员工的寄语中写道：“DJI（大疆）是一方净土，只有纯粹的创业和为梦想而生的艺术家。在这片用梦想浇筑的土地上，它对职务腐败行为零容忍，不必讨论，没有转圜。”

尽管内部腐败在一定程度上是属于贪腐员工的责任，但腐败现象的反复出现和屡禁不止，也同企业自身的监管不严和管理不当有着直接的关联。大疆在公开信中也承认：“只有少数非常成熟的公司，经过长期锻炼和多次管理迭代，才能把职务腐败限制在一个比较小的范围内；大部分公司仍然在实现这一目标的路上克服重重挑战、不断摸索。”

言外之意是，大疆在反腐问题上还存在诸多漏洞，尚不够成熟。大疆距离汪滔心中的“净土”仍有一段很大的距离。

5 裁员、降薪、控制成本

通常，企业提升利润，有两个途径。

第一，提高收入。

第二，降低成本。

2014—2017年，大疆的销售收入处于高速增长阶段，同时产品成本控制水平也优于对手。在此期间，大疆一直保持着较高的净利润和净利率（见表7-1），股东价值得到了很好体现。

表7-1　大疆2014—2017年财务数据

项目	2014年	2015年	2016年	2017年
营业收入/元	27.2亿	59.8亿	97.8亿	175.7亿
年增长率	257.7%	120%	63.5%	79.6%
净利润/元	7.1亿	14.2亿	19.3亿	43亿
年增长率	200.7%	99.6%	35.4%	123.2%
净利率	26.2%	23.8%	19.7%	24.5%

2017年开始，国家和地方监管部门相继出台各种“禁飞令”和无人机限制措施，民用无人机的使用场景受到限制，消费级无人机市场增长趋缓。

自2018年下半年以来，大疆占绝对统治地位的消费级无人机订单量出现明显下跌。大疆触摸到了消费级无人机市场的天花板，内部警钟开始敲响。某知情人士透露：“2018年上半年可能还好一点，下半年订单量下跌明显，大疆也感受到了危机，开始各种转型，试图寻找新的突破口。”

由于销售收入增长乏力，为了确保企业利润和股东利益，2018年，大疆企业运营的主基调开始调整为降低成本。

大疆的反腐行动也是在这种背景下展开的，先是推进成本控制措施，随着相关操作和调查的深入，大疆腐败的问题才开始浮出水面。汪滔对于内部腐败行为采取高压态势，除了进行刮骨疗伤式的反腐行动，在深圳市政协六届五次会议上，汪滔还提交了《关于加强企业员工廉洁从业建设的提案》。在提案中，汪滔呼吁通过企业与政府的配合，在行业中建立“高风险岗位从业人员的诚信档案数据库”。

除了反腐，大疆还打出了一系列控制成本的“组合拳”。

（1）降薪。

2017年底，大疆对销售部门的薪资进行大调整。据了解，部分员工降薪前的保底月薪在1.5万～3万元，降薪后则变为“8000元底薪+销售提成”的薪资结构，这降低了企业人力成本支出，也变相降低了员工薪资。另外，对通过猎头引入的一些高收入员工，公司原本承诺的年终奖也未兑现。

有大疆员工将对降薪的不满发表在知乎上，还引起了大疆内部关于企业价值观和企业文化的大讨论。汪滔的观点是：“大疆内部一直处在不断改革、重铸的过程当中。一些之前我管理不多的部门，没有经过这种过程的洗礼，还处在比较早期（迭代次数、强度不够）的阶段，销售部门现在就处于这个阶段。目前的销售部门，需要更多自下而上的组织变革迭代。另外，我们需要更多靠谱的人才通过大浪淘沙浮现出来，与我有更多的直接交流，欢迎大家自告奋勇。”

（2）降年终奖。

2012年、2013年，大疆曾因高调为员工发放高尔夫轿车和奔驰轿车作为年终奖而登上网络热搜，并因此声名大噪。

汪滔称：“无论是2013年年终奖奔驰轿车，还是2012年年终奖高尔夫轿车，都是为了吸引和留住人才。”

到了2018年，大疆的年终奖已经风光不再，大为缩水。2018年1月23日，领到年终奖的大疆员工发现其年终奖普遍为1~3个月工资，远远低于2017年的6~7个月工资。

（3）裁员。

伴随反腐行动，大疆进行了内部裁员，且动作干净利落。当时员工离职，都是“上午通知、下午走人”。某大疆离职员工曾对《今晚财讯》讲道：“大疆离职，基本都是‘上午通知、下午走人’。如果一名员工被叫进HR办公室并同意签署离职协议，就意味着自他离开HR办公室开始，他就已彻底与大疆切割。再回到自己的办公桌时，他会发现自己的电脑无法打开，所有密码全部被重置，邮箱、内部聊天工具均无法登陆，工牌被收缴，工作手机被收回。离开办公室后，他就再也无法进门了。那一瞬间，真的感觉特别残酷。”

此后，大疆的裁员风波一直不断。2020年8月17日，路透社称全球最大的无人机制造商大疆正在裁员，销售和市场部门是裁员重点，其深圳总部的销售和市场团队已经从180人削减至60人，砍掉近三分之二的人。该报道还称，大疆正计划裁员约

14000名员工。

对此，大疆公关总监谢阗地在其朋友圈表示："8月15日路透社报道美国政府封杀阿里巴巴，几个小时后路透社宣布这是一条假新闻。考虑到大疆总共14000人，按路透社的说法这公司都没人了。我建议让子弹飞一会。"

大疆的反腐、裁员、降薪举动，都是其面临的市场增长压力、运营压力和成本压力的外在表现。

6 大疆的孤独求败与新的竞争对手

2016年，消费级无人机市场哀鸿遍野，大疆成了最大的赢家。2017年，大疆实现近175.7亿元的营收，独自占据70%的全球市场份额，可谓一枝独秀。2018年，大疆获得10亿美元的战略融资，成为超级独角兽企业。

所谓物极必反，看似前景光明、形势一片大好的大疆，其未来的发展道路上暗藏危机。

大疆的“危”在于没有竞争对手。2017年之前，消费级无人机市场百家争鸣，说是竞争对手成就了大疆也不夸张。大疆垄断消费级无人机市场后，曾经的竞争对手或转型，或收缩战线，或关门大吉，对大疆有威胁的竞争对手都被大疆以“打地鼠”的模式扼杀在摇篮中。

缺少重量级的竞争对手，没有强烈的外部竞争刺激，从2018年开始，大疆呈现出某种程度上的“温水煮青蛙”趋势，企业创新动力不足，产品颠覆性创新极少。

我们来看看大疆推出的消费级无人机产品：

2015年，推出大疆精灵Phantom 3，这是一款可以载入史册的经典机型。

2016年，推出大疆精灵Phantom 4，这是一款延续精灵3经典的产品，并加入了很多创新功能。

2016年，推出“御”（Mavic），开启了折叠无人机的普及之路。

2017年，推出“晓”（Spark），开启掌上无人机市场。

2018年，推出Mavic Air、Mavic 2、Mavic 2 Pro、Mavic 2 变焦版等新品。同时，大疆百分百控股的子公司睿炽科技推出特洛无人机，售价699元，面向儿童玩具和教育市场。

曾经的无人机行业从业者Challey称：“从 Spark 身上，我们依然能看到大疆的创新能力，尽管它并非第一家发布掌上无人机或者口袋无人机的厂商，但 Spark 可能是迄今为止性能、体验最优秀的掌上无人机。”

“从 Spark 身上，我们依然能看到大疆的创新能力”，言外之意就是，2017年之后，大疆产品的创新动力已经不足。

事实也是如此，失去了竞争压力和动力的大疆，开启了“挤牙膏”式的产品创新之路，新产品本质上大同小异，都是一个模子（平台）出台，无非是大小尺寸的差异。

在大疆孤独求败的同时，消费级无人机市场呈现出了新的竞争格局：一些新的竞争对手开始出现，老的竞争对手开始起死回生，一些跨界竞争对手也出来搅局。

（1）国内竞争对手。

根据中商产业研究院整理的《2018年无人机十大品牌排行榜》榜单，大疆毫无争议地排名第一，其后还有零度智控、臻迪科技、亿航智能、极飞科技、中科遥感、科卫泰、智能鸟、华科尔、普洛特分列第2至第10名。

值得一提的是排名第三的臻迪科技。这是一家成立于2012年的科技公司，主要产品有工业级无人机、消费级无人机、水面及水下机器人，该公司创始人郑卫锋也是个慢热的技术派。

臻迪科技拥有自主知识产权（专利、商标、版权）累计近1000件，其中核心技术发明专利近400件。

2016年8月，臻迪科技曾先于大疆发布了折叠无人机PowerEgg小巨蛋。郑卫锋称："但仅过了1个月，竞争对手就快速迭代推出了自己的首款折叠无人机，体积比我们小，还比我们便宜，市场格局一下子就发生了巨大变化。"

2019年，臻迪科技推出创新产品PowerEgg X随拍蛋。此前，很多航拍设备都由于沉重、烦琐、复杂、对拍摄者专业要求高等种种原因，导致使用频率比较低，PowerEgg X随拍蛋的每一项创新都是为了解决这些痛点而生——

第一，非常轻便、易携带，只要放在背包里面，马上就可以带出门旅行。

第二，非常简单好用。

第三，既防水又抗风，同时可在水面上降落。

第四，机身非常小巧，适合居家使用。

第五，功能非常简单直观，新手可以很快学会。

PowerEgg X产品设计惊艳，称得上是工业设计的极品，因此它被很多玩家当作收藏品。PowerEgg X产品先后斩获"2019年度IT影响中国-AI创新先锋奖"、"2019人工智能领域年度产品"奖、有"科技界奥斯卡"之称的"爱迪生发明奖"和"CES 2020创新大奖"。

此外，在2015年曾和大疆有过官司纠纷的道通也发布了新产品EVO 2，其在视觉性能上居然反超大疆，着实让人意外。零零无限新发布的V-Coptr Falcon，也有不少创新，它采用了双旋翼动力布局来提升航时，让业内眼前一亮。

以上竞争对手的产品，从创新性上讲，都在不同程度上超越了大疆，给其制造了不少竞争压力。

（2）国外竞争对手。

曾经是大疆在美国的主要竞争对手的3D Robotics，2016年，迫于大疆的竞争压力，关闭了工厂，退出了消费级无人机市场。但这家公司并未消失，而是调整了公司业务和发展方向，公司业务由原来的B2C转型为B2B，专注于企业级无人机的软件研发领域。3D Robotics的转型无疑是明智之选，时间也证明了其转型方向的正确性。

而且，沉寂两年之后的3D Robotics还于2017年获得了5300万美元的D轮融资。3D Robotics还同占有美国建筑业软件约80%的市场份额的软件供应商Autodesk签署了独家合作协议，进行土地测量、基础设施检测和维护。3D Robotics迎来了不断破纪录的销售额。

未来，3D Robotics会走向何处？是否还会重新开拓消费级无人机市场？我们拭目以待。总之，一切皆有可能。

2019年，美国无人机公司Skydio也推出新产品Skydio 2，为全向视觉感知技术树立了一个新的标杆，在跟随拍摄细分场景上具备了领先优势。

法国无人机厂商Parrot（派诺特，法国上市公司）也是大疆在海外的竞争对手之一。Parrot早在2010年就推出了四旋翼无人机AR.Drone，这是行业内公认的第一款消费级多旋翼无人机。2014年，Parrot销售额突破了9000万美元。

Parrot一直活跃在消费级无人机领域，具有很强的产品创新力。2021年，Parrot发布了全新的无人机产品ANAFI Ai，无论是从外观方面还是从功能方面，ANAFI Ai都与之前的Parrot无人机有很大不同，它在设计上有很多大胆的突破，外形像是几种昆虫的复合体，采用了仿生学设计，值得关注。

（3）跨界竞争对手。

高通、海思和英特尔等跨界芯片企业，也在向无人机领域渗透，当前他们正通过车联网和自动驾驶等领域的优势，试图将无人机上的更多联动技术打通。比如汽车避障和无人机避障的算法就能很好互通，再比如视觉算法上的应用。从场景和技术复杂程度上来说，高通和海思等芯片厂商在自动驾驶上面临的挑战要比无人机的难很多，但是其技术一旦突破，对大疆之类的纯无人机企业将不啻为降维打击。

新的竞争势力入场，无疑会对大疆的传统市场和竞争优势形成冲击，但未必全是坏事。

西方管理学上有个著名的“鲇鱼效应”：挪威人喜欢吃沙丁鱼，尤其是活的沙丁鱼。因此渔民总是千方百计地想让沙丁鱼活着回到渔港。尽管经过了种种尝试，但最终绝大部分的沙丁鱼还是在途中因缺乏活动窒息而死。但其中却有一条船总能让大部分沙丁鱼活着回到渔港，原来，船长在装满沙丁鱼的鱼槽里放入了一条吃鱼的鲇鱼。鲇鱼进入鱼槽后便四处游动，而沙丁鱼见了鲇鱼十分紧张，四处躲避加速游动，这样沙丁鱼便活蹦乱跳地回到了渔港。

沙丁鱼在鲇鱼带来的“危机”中焕发出了生机和活力，因而生存下来。随着越来越多的“鲇鱼”杀入无人机市场，大疆或许能够在危机中焕发出创新动力，进入良性竞争的循环。

第 7 章

跨界尝试：若不跨界，对手就会来打劫

我们叫大疆创新，不是大疆无人机。

——汪　滔

1 向产业进军，同产业融合，与产业共生

当大疆在消费级无人机市场一路高歌猛进之际，行业应用无人机市场也迎来了工业级的崛起，无人机+产业的融合势头越来越突出，甚至有人称“除了生孩子，你能想到的一切行业，无人机都能融合”。

在娱乐、巡检、测绘、植保、新闻报道等多个产业领域，无人机正成为得力的空中助手。

2018年3月8日，长沙西湖街道使用无人机对全街森林、河流展开巡查工作；3月19日，湖南高速公路长沙管理处首次采用无人机巡查、桥梁扫码查“保养”；3月19日，长沙使用无人机开展环保取证工作。

从国内看，大疆在消费级无人机领域的很多竞争对手都已经转型行业级无人机，积极向产业进军，同产业融合。

极飞科技是较早进军产业无人机领域、同大疆进行差异化竞争的国内无人机企业。极飞科技创始人彭斌曾对《深网》称：“在激烈的竞争中，定位非常重要，什么都能做的公司会失去优势。”在消费级无人机市场碰壁后，极飞科技便全力向植保领域转型，专注做植保无人机。

易瓦特公司起初便放弃了消费级无人机市场，转而投入工业级无人机产品的开发中。

昊翔（Yuncee）坚守于研究无人机智能化及安全飞行方向。

亿航则从消费级无人机市场转型到空中“出行事业”，希

望开发出一款空中“飞的”。2018年，亿航首次公布了亿航184系列自动驾驶飞行器载人飞行测试的视频，公司创始人兼CEO胡华智亲自试乘了该飞行器。

一些海外公司也加入了无人机的产业融合：总部位于硅谷的美国无人机公司Kespry开发的一个空中智能平台，与云端存储进行整合，可用于保险理赔行业，有效简化了保险索赔流程，能帮助分析师更准确地把握事故程度；美国Cyphy公司专门研究高耐力束缚无人机与安全有效载荷数据，为急救人员提供实时录像和重要的信息；澳大利亚Airscope公司借助无人机为工地建立数字3D模型，把工地上的实地情况展现给后台的管理者们，实现更有效率的资产管理；瑞士Flyability公司推出的一款名为Elios的无人机，可以探索室内和各种密闭空间，对从桥梁到矿山等区域的安全改进进行指导；美国Skydio公司推出了能准确锁定并跟随拍摄目标的无人机R1；美国亚马逊公司也申请了一个无人机领域的新专利——无人机可以对人类的手势和行为作出各种响应，比如挥手、指向、闪灯和讲话等，利用这项技术，可以实现用无人机来送快递。

2018年，针对工业级无人机市场，农业农村部、财政部和民航局均发布通知，宣布选择浙江、安徽、江西、湖南、广东、重庆等6个省市开展植保无人机补贴试点。

工业级无人机应用的细分领域主要包括农业植保、电力巡检、油气管道巡检、气象、禁毒、警用、森林防火等。同国外无人机市场不同的是，我国工业级无人机市场以政府为主导，而国外工业级无人机市场则以企业为主导。以农林植保无人机为例，其主要为政府、飞防组织和农业合作社采购，个人用户购买的数量较少。在电力巡检、气象、禁毒、警用、森林防火、安防等领域，工业级无人机的采购方也是以政府为主，少量企业为辅，极少有个人用户。

当前，我国工业级无人机市场正呈现快速发展态势。根据前瞻产业研究院的数据，预计到2025年，我国工业级无人机的市场规模将达到450亿元，其年均复合增长率在39%左右，高于民用无人机市场整体33%的年均复合增长率，其未来的市场空间还会更大。

从无人机研发专利数量来看，截至2019年底，我国工业级无人机专利数量已达6320件。其中2017年、2018年，每年新增专利都在1600件以上，专利数量呈现快速增长态势。从专利占比上看，B64（飞行器、航空、宇宙航行）专利占比最多，累计达2958件，占比约为39%，工业级无人机研发正处于向上风口期。

从市场格局看，老牌行业级无人机应用领域品牌华科瑞、无锡汉和航空等持续扎根行业应用领域，不断推陈出新；纵横股份在垂直起降固定翼无人机方面占据领先优势。之前的消费级无人机品牌零度智控、臻迪科技等也纷纷开始转战工业级无人机市场。

大疆作为消费级无人机领域的王者，随着传统优势市场的增速放缓，也在积极向产业无人机领域进军，拥抱工业级无人机，寻求第二增长曲线。

早在2015年下半年，大疆就成立了行业应用部，面向行业企业提供专业解决方案。2016年下半年，大疆发布了一款工业级无人机产品Matrice 600 Pro，售价折合人民币大约为3.4万元。

2018年3月28日，大疆在美国加州召开的发布会上发布了企业级新品——配备了热成像传感器的禅思 XT 2。同月，大疆携手Skycatch，开发了商用无人机地图App业务。

2017年，大疆就曾公开表示希望在消费级和安防、巡检、电力、公安等各个行业级应用市场上齐头并进，这将实现营收各占50%的市场格局。

未来，在工业级无人机领域，大疆将依托其技术优势和产业链优势，进行更多尝试，厚积薄发。

2 交锋农业机：植保市场“双雄争霸”

植保无人机是用于农林植物保护作业的无人飞机。相比传统的人工或半机械化植保方式，无人机植保的优势表现在：防治效果好、喷洒效率高、使用方便、成本低。无人机植保喷洒效率是传统人工的15～80倍，农药使用量、用水量分别比传统人工至少节约50%和90%。

相关统计数据显示，美国、日本等农业发达国家的植保机械渗透率已经超过50%，而国内尚不足5%。数据显示，在2014年，我国植保无人机保有量仅为696台。

植保无人机市场的发展，离不开政策的助推。

2014年1月，中央一号文件提出要加快农业航空建设，这成为我国植保无人机行业发展史上的里程碑式事件。

2015年1月，农业部与财政部联合发布《2015—2017年农业机械购置补贴实施指导意见》提出，未来三年我国农机补贴政策在补贴对象、范围和流程等方面作出重要调整和创新。

植保飞防行业，即将引爆千亿级市场规模，成为新农业领域的一匹黑马。在植保领域，大疆、极飞科技、天鹰兄弟、无锡汉和航空等企业正在加速布局。

作为无人机领域的巨头，大疆在2012年便开始了其在植保领域的布局。2015年，大疆农业品牌正式发布。

植保无人机领域的另一重量级企业极飞科技，2013年也在新疆、海南等地区进行植保无人机对棉花、水稻等农作物的喷洒实验。

探索两年之后，2015年4月，极飞科技发布第一代植保无人机P20，同时组建植保服务队，其植保无人机并不向用户出售，而是由极飞科技的植保服务队直接为农民进行服务。

2015年11月，大疆发布首款农业植保无人机MG-1，售价52999元，正式进军农业无人机领域。

2017年，大疆推出植保无人机迭代产品MG-1P，并将MG-1P官方指导零售价在MG-1的售价上下调近30%。2018年12月，大疆在深圳总部召开了农用无人机新品发布会，推出了全新产品T16，这款产品并未沿用MG系列，但售价同老款一样，同为31888元。

2020年11月9日，大疆同时发布T30、T10两款植保无人机。其中，T30主要针对北方拥有大面积农田的用户，T10则是面向南方市场，是专为小地块而设计的小机型。

一个月后的12月15日，极飞科技则针锋相对地发布R150农业无人车、P40 2021款农业无人机、P80 2021款农业无人机和V40 2021款农业无人机等新产品。

大疆和极飞科技的竞争不是只表现在快速的产品迭代上（老款还在热销，性能更强、价格更低的新机型就已推出），而是在全方位展开。比如，大疆成立用来培训飞手的慧飞无人机应用技术培训中心时，极飞科技紧随其后推出极飞学院。大疆加大售后服务力度时，极飞科技也会紧紧跟上。

除了价格竞争外，大疆还推出一系列补贴政策，用来扶持代理商，包括用1000万元建设千家门店。大疆还发布了“合约机计划”，降低新手入行门槛。例如，用户以17188元就能入手全新MG-1P（合约机版本），按需充值作业，作业门槛设置在2万亩，达到门槛后便不再需要充值。

极飞科技则选择以电池为切入口来控制成本，推出“电力无忧计划”，用户只需以8000元/年至9000元/年的租赁费用，就可以享受全年不限次数使用电池的服务。

对于这种竞争格局，极飞科技创始人彭斌在采访时表示：“感谢大疆这样的对手，就像赛车，两辆车结伴而行，永远不会谁落谁太多。这就是竞争的好处。”

截至2019年10月，我国植保无人机保有量已达5.5万余台，作业面积4.5亿余亩。虽然我国的植保无人机装备总量和作业面积都处于全球第一，但是，全国植保无人机作业面积占比仍不足5%，留给大疆、极飞科技以及其他植保无人机企业拓展的市场仍然很庞大。

2018年时，我国农用植保无人机市场，就已形成“两强多极”的竞争格局，即大疆与极飞科技作为头部企业，称霸植保无人机市场。据大疆所说，大疆的农用植保无人机全国保有量大约为2万台，市场占有率达66.7%。极飞科技则称，截至2018年11月底，公司在国内的农用无人机保有量大约为1.3万台，海外市场为2万余台。拓普新科、中电金骏、沃得翔龙、中轻智能、天鹰兄弟、无锡汉和航空等企业分享其余的市场份额。

截至2020年4月底，极飞科技农业无人机累计作业面积超过4.3亿亩，服务超过800万名农户，培训了5.6万名中国农村的无人机使用人员。极飞科技的产品还进入了全球42个国家和地区，并在澳大利亚、日本等20多个国家设立了研发与实验基地。

2020年11月16日，极飞科技宣布完成新一轮12亿元融资，这是迄今为止中国农业科技领域最大的一笔融资。

2020年，大疆农业植保机整体销量超过4万台，全国累计保有量约7.5万台，2020年作业亩数已达5亿亩，相比2019年翻了2倍多。另外，大疆农业在海外市场也取得了1倍的销售增长。

2015年，大疆农业宣布进入植保无人机行业后，陆续发布了十多款植保无人机产品，同时，大疆农业还与中化农业、先正达集团建立战略合作关系，大力推广植保无人机飞防技术，致力于培育更多的年轻人参与植保飞防事业。

从消费级无人机市场到农业植保市场，无人机的竞争已经转场，农业植保被视为无人机最大的行业应用领域，该市场已被掌控在消费级无人机霸主大疆与专注农业植保的极飞科技手中，“双雄称霸”的市场格局已经基本确定。

3 大疆在自动驾驶领域的优势和机会

对于大疆而言，自动驾驶领域是一个比无人机市场更具想象空间的赛道。自动驾驶技术从低到高有六个层级，分别为：

第一，L0级（无自动驾驶）。没有自动化技术，车辆驾驶完全靠驾驶员手工操作，无任何自动驾驶功能。

第二，L1级（适时辅助驾驶）。以驾驶员为主，可以辅助采取定速巡航、车道保持、自动泊车、自动驾驶功能。

第三，L2级（半自动驾驶）。驾驶员仍需主导车辆行驶，可借助全速段自动辅助驾驶、拥堵时自动辅助驾驶、自动危险预判刹车等功能，只有在特定情况下，驾驶员双手才可以暂时地离开方向盘。例如，特斯拉就是L2级别自动驾驶的典型代表，其号称能够达到L2.5级自动驾驶水平。

第四，L3级（有条件自动驾驶）。车辆可以实现在绝大部分路况自动驾驶，接管汽车一大部分驾驶功能，但驾驶员仍需时刻保持注意力，以便在出现紧急情况时及时接管车辆。

第五，L4级（高度自动驾驶）。车内的自动化系统已经非常完善，车辆已经可以接替驾驶员的工作达到自动驾驶的水平，但如果驾驶员想亲自开车，仍可以接管车辆。坐在L4级别自动驾驶的汽车里，驾驶员已经可以安稳地睡觉。

第六，L5级（完全自动驾驶）。L5级别的自动驾驶是自动驾驶的理想状态，在任何天气、任何地域均可以实现完全自动驾驶，汽车将由“座驾”转为“座舱”，驾驶员可以完全忽略驾驶情况。

据东吴证券测算，预计到2025年，我国ADAS（辅助驾驶系统）的市场规模将达到2250亿元，如果算上L4自动驾驶领域，市场前景则更为广阔，未来市场规模将会突破1万亿元。

即使在自动驾驶领域获得百分之一的市场份额，也能为大疆带来非常可观的销售增量，解决营收增长缓慢的问题。

早在2015年，大疆硅谷研发中心就邀请特斯拉工程师戴伦·里卡多（Darren Liccardo）加盟，组建自动驾驶团队。从那时起，外界便频频出现大疆进入自动驾驶领域的传闻，不过由于当时业务尚处于试探阶段，大疆对此予以否认。公关总监谢阗地曾出面澄清："公司并未在无人驾驶方面预设商业目标。"

大疆内部对自动驾驶技术的探索和积累一直在悄悄进行，2017年，大疆获得深圳智能网联汽车道路测试牌照。

2019年，大疆车载品牌成立，专注于智能驾驶系统及其核心零部件的研发、生产、销售等服务。同年12月，该品牌旗下首座车规级智能制造中心建成，主要产品包括智能泊车系统等智能驾驶系统和各类视觉感知传感器等核心零部件。同时，大疆车载开始同行业客户积极接触，并同大众集团、上汽通用、五菱集团等车企建立了合作关系。

2020年初，在CES期间，大疆内部孵化的子公司Livox（览沃科技），推出Horizon（地平线）、Tele-15（远程15）两款低价激光雷达产品，掀开了大疆自动驾驶神秘面纱的一角。

2021年4月，大疆正式官宣智能驾驶业务品牌"大疆车载”，宣布进军自动驾驶领域，涉及智能驾驶系统及其核心零部件的研发、生产、销售等，成为继华为、百度之后国内智能驾驶领域的实力选手。

在2021上海车展上，大疆车载品牌展出了大疆智能驾驶D80/D80+、大疆智能驾驶D130/D130+、大疆智能泊车等驾驶场景下的智能解决方案。

在智能驾驶核心零部件业务方面，大疆车载称，在过去5年的时间里，大疆车载针对中国特色场景，进行了智能驾驶系统在各种道路场景中的大规模常态化测试。大疆车载可提供包括单目相机、双目相机在内的各类视觉感知系统及智能驾驶域控制器、驾驶行为识别预警系统等自研核心零部件。

大疆之所以入局自动驾驶领域，一方面在于无人机市场增速放缓，而自动驾驶是新的行业风口；另一方面，大疆在自动驾驶与控制方面有一定的技术积累。

大疆无人机的智能感知、障碍物检测、图像实时传导以及稳定飞行控制等技术，天然适合嫁接到智能驾驶领域，作为汽车的“大脑”和“眼睛”，帮助汽车实现L2+级和L3级的智能驾驶。另外，无人机和智能驾驶汽车都需要避障，两者具有技术上的相似性和重叠性。而且无人机的感知和测距系统有摄像头、激光雷达，智能驾驶汽车恰恰也走类似的技术路线，因此，大疆具备向智能驾驶领域跨界的技术基础和技术优势。

另外，汪滔的导师、大疆的董事李泽湘非常看好自动驾驶领域，在回答《晚点》的问题“互联网之后，下一个大产业可能是什么”时，李泽湘说：“多得很。比如自动驾驶、智能制造。在C端会有无数机会，所有人的衣食住行都会发生根本改变。”李泽湘还在2017年领衔创办了自动驾驶公司希迪智驾，且已完成超1亿元的A++轮融资。

李泽湘的自动驾驶资源可以同汪滔的大疆平台遥相呼应、强强联合。

不过，大疆要想深度进入自动驾驶领域，也没有那么容易。

首先，无人机面临的飞行环境远远没有汽车所面临的城市路面情况复杂，在城市环境下实现自动驾驶，在技术上难度更高，大疆仍有一段相当长的路要走。

其次，无人驾驶领域的参与者都是重量级选手，比如国外的谷歌、Uber，国内的华为、百度，这些巨头公司无论是资金实力还是技术实力，都非大疆所能匹敌。

最后，从产品的运用上看，搭载华为智能驾驶方案的极狐阿尔法系能源汽车已经实现量产，小鹏即将上市的P5将会比达到L3级自动驾驶的P7更强，百度Apollo的自动驾驶测试里程更是已经突破1000万千米。

作为对比，大疆旗下的D80+和D130+，其自主泊车功能还要等到2024年才能落地，而上车的实际表现如何更是个未知数。

自动驾驶研发需要投入大量的资金，也是一场持久战，短时间内看不到回报，大疆在自动驾驶领域要想有所建树，需要足够的耐心和实力。

4 是无人机公司，更是机器人公司

大疆不仅仅是一家无人机公司，还是一家具有机器人基因的公司。

2006年，还在香港科技大学读研究生的汪滔，就曾带领团队在RoboCon亚太大学生机器人大赛中拿下了亚洲第三的好成绩。

2013年，汪滔开始对机器人产品产生浓厚兴趣，从那一年起，大疆发起了机器人比赛。

在2017极客公园创新大会上，大疆无人机智能导航技术总监杨硕曾表示，未来大疆不只是一家无人机公司，更是一家机器人公司。

2018年7月，国际电气和电子工程师协会（IEEE）将全球工程技术领域最重要奖项之一的“机器人与自动化大奖”，颁给了大疆创始人汪滔和其导师香港科技大学教授李泽湘。大疆的获奖理由是“为民用无人机的发展及商业化、航空影像技术及机器人技术的进步做出了杰出贡献”。

大疆从直升机飞行控制系统起步，整合产业集群和学术资源优势，专注科研和技术的积累，引领相关机器人技术领域的发展，在无人机系统、手持影像系统与机器人教育领域成为全球知名品牌。

尽管在机器人领域已有了强大的技术基础，但汪滔并不是一个急躁的人，面对外界对机器人的热炒，他显得很谨慎。汪滔认为大疆需要一个更合适的机会才能扩展到机器人领域，如果大疆在机器人技术方面取得突破，那么其产品的应用范围将非常广阔，无人驾驶、人工智能等都将成为大疆除了消费级无人机之外的新舞台。

在李泽湘看来，汪滔打算跨界进军机器人领域，并不是因为机器人领域处在行业风口，而是因为一旦在机器人领域独占鳌头，可能会如他一直期待的那样，能俯瞰世界。

无论是无人机，还是机器人，人们更关心的是，如今的大疆究竟是一家什么公司。汪滔渴望走出一条独一无二的路："我们可能有点像无人机里面的英特尔、微软，如果非要类比，我们可能更像做整合产品的苹果。"

2019年6月12日，经过数年筹备的大疆终于推出首款教育机器人：机甲大师S1。该产品秉承寓教于乐的设计理念，在配备光、声、力等多种传感器的同时拥有中央处理器，结合定制无刷电机、全向移动底盘和高精度云台，让用户可在享受竞技乐趣的同时学习机器人、人工智能和编程的相关知识。

汪滔表示："大疆从十三年前走出校园以来，最核心的竞争力就是'技术驱动'与'科学精神'，我们切身体会到从实践中得来的知识是多么宝贵，而在实践中得到锻炼的科学精神对社会和个人又有多么强大的影响力。机甲大师 S1 正是大疆献给全球青少年和科技爱好者的礼物，祝愿广大向往科学精神的青少年都可以借助机甲大师 S1 出色的硬件性能以及优秀的编程开发平台，深入感受机器人技术的魅力。"

大疆首席产品研发工程师陶冶介绍，机甲大师 S1 全身配备了31个传感器，可以充分感知图像、光线、声音和振动。FPV摄像头结合机器视觉技术，使其能够识别多样的物体，6块感应装甲让机甲大师 S1 可以感知物理打击，麦克风让其可以识别声音，而红外传感器则能让它接收来自另一台机甲大师S1 的红外信号。丰富的传感器赋予了机甲大师 S1“视觉、听觉、触觉”。

未来，机器人教育是大疆持续重点投入的方向和产业方向之一。大疆对机器人教育的探索始于2013年。随着机甲大师 S1推出，大疆已形成了以“课程+教材+赛事+硬件”为基础的完整机器人教育模式。大疆为机甲大师 S1 提供了专业级别的硬件设备，将其打造为强大的学习平台。

2020年3月9日，大疆发布机器人教育产品机甲大师 EP，它是大疆继推出机甲大师 S1 教育机器人后，在教育领域发布的又一突破之作。

2020年9月10日，大疆正式推出全栈式教育解决方案——大疆教育平台。该平台深度整合大疆已经推出的机甲大师 EP、机甲大师 TT等产品，将硬件、课程等数字化、平台化，致力于为全国科技教师提供完善的人工智能与科创实践教育解决方案。

除了大疆，优必选、商汤科技、小米、科大讯飞、工匠社、乐森机器人等也纷纷入局教育机器人赛道，相继推出具有教育属性的机器人产品。

机甲大师 S1和 机甲大师 EP，只是大疆征程的一个新开始。在机器人教育这个赛道上，大疆未来还会持续不断地发力。

5 汪滔：做有全球影响力的机器人大赛

RoboMaster 机甲大师赛始于2013年，它最初是大疆内部的比赛，目的是让工程师在工作之余有一个消遣放松的机会。

2014年，该比赛开始对外开放，逐渐吸引了不少参赛队的参加，并于同年成为国家级的机器人比赛。

从2015年开始，RoboMaster 机甲大师赛面向全球大学生开放，每年举办一届，该比赛作为全球首个射击对抗类的机器人比赛，至今已举办6届。

低调的汪滔极少接受媒体采访或发表公开演讲。2015年7月19日，在由大疆全程赞助的“RoboMaster 2015 全国大学生机器人大赛”上，汪滔不仅发表了演讲，还接受了媒体现场采访。

谈到创办RoboMaster 机甲大师赛的初衷时，汪滔说：“我是希望借助RoboMaster 机甲大师赛这项赛事，来解决国家工程技术人才培养的问题。我们所处的社会不缺演艺明星和体育明星，但却很缺少通过做事靠谱而成为明星的人。打开电视，我们还找不到一个让工程师、发明家也能成为明星的智力竞技运动。为什么不能让工程师当明星呢？正是这样的一个朴素念头，催生了RoboMaster 机甲大师赛。”

深圳卫视主持人朱克奇采访汪滔时，问：“您刚才在演讲中提到，社会中有各种各样的入流的明星、不入流的明星，但是社会中缺乏工程师的明星，工程师是社会的中坚力量。这个群体确实鲜有明星，您觉得原因在哪里？”

汪滔的回答是："历史上没有这个东西，可能只是因为技术水平还没有达到。机械电子发展到一定程度，则可以将技术组合在一起，打造非常有看点的大赛。也许以前条件不成熟，或也许前几年条件成熟了，但缺乏比较有远见的人。把这些因素凑到一起，通过我们在工程技术上的经验，发起让科学家也能当明星的比赛，为什么不行呢？"

在汪滔亲自站台、大疆品牌加持和财力物力支持下，RoboMaster 机甲大师赛的影响力越来越大，在2016年的比赛中，共吸引了全球160多所高校的228支团队报名参赛。其中，获胜团队除了能够拿到数十万美元的奖金之外，还有机会进入大疆工作。

2017年初，大疆在"2017极客公园创新大会"上表示，希望将RoboMaster 机甲大师赛打造成一项机器人教育产品，包含机器人赛事、机器人生态以及工程文化等多项内容。

RoboMaster 机甲大师赛运营策划总监杨明辉表示："我们做这样一件事就是要让国内国外上千千万万的埋头苦干的青年工程师，让这些理工宅男，能够走上舞台、走进公众视野，让更多的社会资源能够向他们倾斜，使他们获得关注、认可，这是我们做这样一件事的初衷。"

2019年8月，RoboMaster 2019全国大学生机器人大赛在深圳落幕。大疆在该赛事上的投入已达千万元级别，从2015年发起该项公开赛以来，5年间，大疆已累计投入3.5亿元。经历5年的积淀与蜕变，RoboMaster 机甲大师赛已形成了由赛事、产学研合作、假期营、硬件四个主要部分构成的机器人教育体系，完善了汪滔在教育领域的布局。

目前，RoboMaster 机甲大师赛已发展为包含面向高校群体的“高校系列赛”、面向K12群体的“青少年挑战赛”以及面向社会大众的“全民挑战赛”在内的三大竞赛体系。其中面向高校群体的“高校系列赛”的规模逐年扩大，每年吸引全球400余所高等院校参赛，累计向社会输送3.5万名青年工程师，并与数百所高校开展各类人才培养、实验室共建等产学研合作的科技品牌赛事。

汪滔表示：“我是希望借助RoboMaster 机甲大师赛这项赛事，来解决国家工程技术人才培养的问题……这是一个通过实践检验真理的平台，让优秀团队浮出水面的比赛。我们尝试用新的方法去激发他们的创造力，培养他们的思辨能力。此类赛事不但能塑造姚明、刘翔这样的全民偶像，更能产生乔布斯这样受人尊敬的发明家和企业家。”

RoboMaster 机甲大师赛正在为创新型人才培养带来一场突破性革命，在促进机器人技术发展的同时，也能将一流科学家、工程师们对科技行业的兴趣和热爱传播至青少年一代。

大疆在主办赛事的过程中，提升了行业影响力，在大学生等高知群体中树立了良好的品牌形象和公司形象，同时，借助RoboMaster 机甲大师赛，大疆也招揽了一大批机器人领域的专业人才，这是大疆核心竞争力的保障。

不过，大疆在RoboMaster 机甲大师赛中却也一直没有找到可以从中获利的商业化模式，因此RoboMaster 机甲大师赛留给外界的另一个标签则是：这是由大疆举办的变相高价招聘会，有招揽人才的希望，有塑造工程师文化的情怀，但唯独弱化了盈利这个目标。

6 大疆未来理想营收结构为50：25：25

大疆官网上“关于大疆”的描述是：“DJI 大疆创新致力于持续推动人类进步，自 2006 年成立以来，在无人机、手持影像、机器人教育及更多前沿创新领域不断革新技术产品与解决方案，重塑人们的生产和生活方式。DJI 大疆创新与全球合作伙伴携手开拓空间智能时代，让科技之美超越想象。”

近年来，汪滔一直努力向外界传达：“我们叫大疆创新，不是大疆无人机。”

大疆在发给投资机构的一份材料中，提到了其未来理想的营收结构：50%来自无人机、25%来自影像板块、25%来自新业务。

前两个板块非常明确，那么，新业务是什么？大疆表示新业务包括医疗影像AI市场和教育市场，同时委婉表示还有围绕视觉、算法、影像处理、集成芯片技术为一体的人工智能“新兴产业”以及智能驾驶领域。

当前，大疆不仅在消费级无人机市场成了王者，还在专业级、行业级等无人机市场进行了全产品线的布局，横跨消费级、专业级、行业级无人机市场。同时大疆还广泛覆盖了影视工业、农业、教育、能源、公共安全等多种领域，产品的使用率也在不断提升。

对于大疆未来的产业重点和资源倾斜方向，大疆公关总监谢阗地称：“目前不存在哪个是主攻、哪个是辅助，无论在哪个行业领域，大疆擅长的技术创新一直在根据市场需求的极限做上下探索与突破。”

（1）无人机。

在无人机业务层面上，大疆产品覆盖两大类别：

第一，消费级、专业级。

消费级无人机在大疆的营收结构中占绝对的大头，主要产品包括“御”（Mavic）系列、DJI FPV系列、“晓”（Spark）系列、精灵（Phantom）系列、灵眸（Osmo）系列和机甲大师（RoboMaster）系列。

大疆专业级无人机的代表主要是“悟”（Inspire）系列，2014年，大疆首次将高清图传、4K 360° 云台相机、DJI GO 和多机互联技术高度集成到“悟”（Inspire 1）上，开启了4K影视航拍时代。同时，其后续推出的M4/3相机，无损4K RAW视频录制，进一步满足了专业影视的航拍需求。随着影视航拍技术不断迭代，影视从业者对画质、续航、后期工作流等有了更高的要求。而大疆在飞行器、影像处理和机器视觉领域不断突破的同时，也对专业影视航拍有了全新的理解。

其中，“悟”（Inspire 2）系列最大起飞重量为4.25千克，采用M4/3规格的影像系统（此阵营的主要厂商包括奥林巴斯和松下），可更换接头，镜头焦距为9～45mm，视频可存储为Apple ProRes格式，也可以直接存储RAW格式的视频数据，用于专业影视拍摄。“悟”系列的价格也高于消费级无人机。“悟”（Inspire 2）在大疆官网上的售价为19999元起。“悟”（Inspire 2）无人机可以拍摄到很多滑轨、摇臂等设备所不能企及的位置和距离，大大提高了创作的灵活性，在航拍时可替代直升机以极大地降低拍摄成本，主要被用于影视及广告拍摄。

第二，行业应用、农业应用。

第二类与第一类的最大区别在于To C（面向个人用户）和To B（面向企业用户）。

2015年下半年，大疆成立了行业应用部，面向行业企业提供专业解决方案。目前，大疆已在公共安全、能源、建筑、基础设施、测绘、电力、石油与天然气等领域推出相应的行业级无人机应用产品。根据前瞻产业研究院的预测，2025年工业级无人机的行业规模约为450亿元，年均复合增长率在30%左右。

在农业无人机领域，2012年，大疆开始将无人机技术应用于农业植保领域，并于2015年设立大疆农业品牌。

当前，大疆农业已构建了以人才培养、产品提升、药剂优化、技术升级为核心的飞防生态。大疆农业旗下拥有的MG系列植保无人机、T16植保无人飞机、T20植保无人飞机、多光谱无人机P4M、农田测绘无人机P4R、大疆智图、“大疆农服”App等产品，已在多个种植区域实现了应用。

截至2020年11月，大疆植保无人机全球市场保有量为7万台，全球作业面积累计为6亿亩，大疆还培训出了超过4万名的专业持证植保飞手。2020年，大疆植保无人机在国内的市场份额已经超过50%，它正在延续大疆在消费级无人机市场的奇迹。在植保无人机领域，大疆在国内还有一个重量级的竞争对手——极飞科技，该公司实力不容小觑。

（2）手持影像。

大疆在影像系统设备领域积极开拓，相继发布了地面设备手持云台相机灵眸、云台相机禅思等。

不过，专业级中的手持云台等手持影像产品，很难延续大疆在无人机领域的绝对优势，在与智云、GoPro等对手的激烈竞争下，大疆产品的市场占比很难过半。而且，全球手持云台市场容量有限。2020年，据艾瑞资讯行业研究报告的预测，其市场规模仅为32亿元左右，如此狭小的市场空间能带给大疆的营收增量也很有限。

影视工业也是大疆手持影像应用的一个重要方向。2019年，大疆发明了无刷电机云台，解决了传统舵机稳定器、机械稳定器的痛点，使影视工业中镜头运动与稳定这个目标电子化、数据化，同时，“遥控头”越来越成为影视工业领域的趋势。大疆利用自身的技术优势，加速影视产品在技术上的迭代升级，以提高产品在影视工业领域的使用渗透率。

未来，大疆会在擅长的影像技术和机器人技术领域同步发展，在人工智能的领域比如视觉算法、机器学习等，也都有广阔的发展空间。

2021年10月，大疆发布首款电影摄影机Ronin 4D。6K版本包含主机本体、禅思X9-6K云台相机、LiDAR模组、高亮监视器、握把、提手、TB50电池和随行箱，价格是46888元。8K版本会在此基础上升级禅思X9-8K相机和PROSSD 1TB，售价为74888元。这些都为大疆在影像方面打开了新的局面。大疆表示，在影视工业领域，当下最重要的还是服务好客户，深入一线去解决客户需求。大疆公关总监谢阗地说："DJI Ronin 4D是有差异性的，客观上找到了影视剧组和小型工作室一直没有被满足的需求，然后用大疆擅长的技术能力和我们的思考，创造性地给出了解决方案。大疆有了思路还要去一线实践，才能做出得到客户认可的产品。未来大疆也会沿着这条路继续前行，深入一线，学习和思考需求的本质和寻找技术机会，推出更多好产品。"

谢阗地还表示，把影像产业服务好，"跟随着大师的脚步，同时扶持青年影像创造者"，这才是大疆在影像行业的目标。

（3）机器人教育。

在机器人教育领域，大疆的动作表现在两个方面：

第一，始于2013年的由大疆主办的机器人大赛——RoboMaster机甲大师赛。

第二，自2019年起，大疆推出的机甲大师S1、EP系列教育机器人。

当前，大疆已形成以"课程+教材+赛事+硬件"为基础的完整机器人教育模式。

总体而言，大疆在无人机领域产业的地位愈发巩固，但大疆现在面临的最大问题不是与同行的竞争，而是整个无人机市场不够大，成长空间有限。接下来，如何拓展能给大疆带来更具想象空间的市场的新业务，才是大疆面临的最大考验。

第8章

产品逻辑：重研发轻销售的工程师思维

国内现在缺的是对于理想、对于社会、对于艺术和生活的进取而美好的愿望。少了这个，再多的钱也办不好学校，再有才也成不了大艺术家，不会有伟大的公司和极致的产品，文化则永远落后而丑陋。我们需要集结号，需要乌托邦。大疆就是实践者。

——汪　滔

1 汪滔：大疆是一个创新的“乌托邦”

笔者是强调技术与营销全脑思维的倡导者，但大疆创始人汪滔颠覆了我的认知。汪滔是技术极客出身。“极客”一词来自美国俚语“geek”的音译，早期理解为性格古怪的人。例如，数学极客大多指并不一定是数学专业但又对数学专业有狂热的兴趣并投入大量时间钻研的人。

现代的极客含义虽然与过去有所不同，但仍有相似的特质，比如对技术狂热、投入大量时间钻研技术，致力于技术创新等。今天的极客更多是指在互联网时代创造全新的商业模式、尖端技术与时尚潮流的人。极客是一群将创新、技术和时尚视为生命意义的人，这群人战斗在新经济、尖端技术和世界时尚风潮的前线。

比如，史蒂夫·乔布斯、比尔·盖茨、马克·扎克伯格、拉里·佩奇，他们都是这样的极客。

极客究竟有什么共同特质呢？

第一，他们大智若愚而富有科学精神，对一切常识性的东西天然反感。

第二，他们天生热爱探索和创造，对于跟随和人云亦云深恶痛绝。

第三，他们特立独行，从不自我设置禁区。

第四，他们信仰自由，对于人为的限制极其不屑并热衷于挑战权威。

第五，他们在工作中推崇化繁为简，相信设计的力量并追求产品美学。

大疆创始人汪滔也是这样的技术极客。在汪滔眼里，大疆是一个创新的乌托邦，这一点从大疆公司的名字“大疆创新”也可见一斑。

在大疆官网的创始人寄语一栏，汪滔写道：

“我常常在想，皇帝穿着所谓最美的新衣游街，却只有孩子敢指出真相。而现在的社会有那么多的问题，却连敢大声指责的孩子都没有了。

事实上，没有不需要埋头苦干就能获得的成功，没有只靠夸夸其谈就能成就的事业，没有从天而降的高科技产品。追求卓越，需要无数个苦思冥想的深夜，需要愿意向前一步的担当，更需要敢于大声说出真相的勇气。

真正美的事物极具感染力，然而我们却鲜有能够打动世界的科技产品、文学及艺术作品，缺少文化价值观的输出，只能对舶来文化趋之若鹜。

大疆就是个敢于说真话的孩子。这里由一群从不妥协、极富洞见、坚持梦想的人聚合而成。我们坚信实干而非投机，坚信梦想而非功利。我们愿意做困难但真正有价值的事，这一点从创始之初至今从未改变。

大疆是一个创新的乌托邦，是大疆人实现梦想、超越自我的精神家园。在这里，我们努力探索卓尔不群的产品之道与企业文化，将求真品诚的理念贯穿到每一个细节。”

汪滔将创办大疆的初心比喻为“建立一个创新的乌托

邦”。在极客出身的汪滔看来，中国缺少能够打动世界的惊艳产品。过去，中国制造赢得全球市场的标签是性价比，而汪滔却希望给中国制造贴上高质量、高品位、高价格的标签。

技术创新是大疆的核心价值观，也是汪滔重新定义中国制造的重要途径。自2006年成立起，大疆从商用自主飞行控制系统起步，逐步推出了飞行控制系统、云台系统、多旋翼飞行器、小型多旋翼一体机等产品系列，填补了国内多项技术空白。大疆无人机的飞行控制系统、机架、云台和摄像头全都是自主研发的，而且大疆产品的生产也都是在自己的工厂完成的。

目前，大疆全球员工达14000人，其中25%是研发人员。据大疆相关人士介绍，大疆从直升机的飞行控制系统起步，整合产业集群和学术资源优势，专注科研和技术的积累，引领相关机器人技术领域的发展，在无人机系统、手持影像系统与机器人教育领域成为全球知名品牌。相关统计数据显示，截至2021年底，大疆的专利申请量已累计超过4600件，近两年稳居全国前十。大疆在人工智能方面的厚积薄发也引人注目，其计算机视觉识别和机器学习等技术不仅被作为学术论文发表，还通过大疆的多款量产产品普惠消费者与行业客户，成为大疆的核心技术之一。

全球各类知名评选也从侧面肯定了大疆的创新基因。

2016年，《时代周刊》将大疆精灵系列无人机列入“有史以来最具影响力的50件科技产品”榜单，这也是唯一一款由中国企业研发的上榜产品。

2017年，《麻省理工科技评论》评选出“全球50大最聪明公司”，其中大疆名列第25。

2018年，在《快公司》评选的“全球最具创新力公司”中，大疆位列第35，同时在“中国最具创新力公司”中位列第3。

2019年，在达沃斯世界经济论坛上，大疆入选中国人工智能50强榜单，并成为首批广东省新一代人工智能开放创新平台之一。

大疆在技术创新的路上，砥砺前行，永无止境。

2 令竞争对手绝望的产品迭代速度

产品迭代，是指产品快速地适应不断变化的市场需求，不断推出新的版本以满足或引领需求，永远快对手一步。

无人机产品同消费类电子产品类似，取胜的关键要素是品牌营销、规模效应、成本价格、产品迭代的速度和质量。

在产品品牌、规模效应和价格上，大疆都具备领先对手的竞争优势，在产品迭代上，大疆的研发能力与推出新产品的速度更是令对手感到绝望。

零度智控创始人杨建军曾坦言："大疆产品的实力和研发投入都很强，迭代速度很快，其他玩家做起来就很费劲儿，不是说不可以硬拼，但那不是聪明的做法。"《连线》前主编克里斯·安德森于2009年创办的无人机公司3D Robotics，以及诸多的国内外消费级无人机竞争对手也在同大疆的交锋中败下阵来。

此后，大疆产品保持稳定而快速的迭代节奏。

奠定连年胜局基础的关键是——大疆的产品迭代速度太恐怖了，每一次新品的推出，不仅是对竞争对手的打击，某种程度上也是一种自我内卷，这种内卷甚至将大疆的前几代产品逼上绝路。

大疆产品能够快速迭代是由多种因素所决定的。

（1）技术积淀和技术壁垒。

汪滔的技术背景和注重产品研发的经营理念，让大疆形成了雄厚的技术积累和竞争对手难以望其项背的技术壁垒。早在2012年，大疆就完成了无人机所需要的一切技术储备：飞行控制系统软件、螺旋桨、支架、平衡环以及遥控器。2012年底，大疆发布的大疆精灵Phantom 1，成功撬动了民用无人机市场。大疆在产品迭代速度上基本做到了和手机产业同速，一年一发布，一年一迭代，一路狂奔。每年都有新品推出，最多两年就换代。

这种狂奔般的迭代速度让大疆成了业内的独角兽企业。一位大疆前员工称："大疆的这种市场策略有点像博尔特在操场上看到别人在跑步锻炼，自己下意识一提速就超了，本质还是核心技术优势的胜利。虽然有竞争的因素在，但更多时候大疆其实是根据自身的研发和产品节奏在走。"

大疆员工中，有一半是工程师，有四分之一是研发人员，大疆每年都将销售收入的15%投入研发，其研发配置在全球无人机企业中处于领先地位。在可以预见的未来，大疆的技术积淀会越来越深，技术壁垒会越来越高，其产品迭代速度将无对手可及。

（2）供应链优势。

除了大疆掌握的飞行控制系统、云台、相机等核心部件外，无人机供应链还包括外壳、芯片、电池、传感器、GPS、陀螺仪、动力系统、测绘仪器、电子元器件等，这些部件需要大疆向其他供应商进行采购。

大疆的供应链优势表现在两个方面：

第一，依托深圳的产业链。

深圳大湾区拥有强大的制造能力和供应链基础，这也是当初李泽湘鼓励汪滔前往深圳创业的目的。

李泽湘表示，创业最核心的是快速迭代升级——迭代意味着以前的都是失败的，但每次都从失败中学会一些新的东西，下一次能够做得更好，离成功更近一点点。正是在这种不以失败和危机为耻、飞快学习的精神的影响下，在大湾区，产品的迭代速度可能比硅谷要快5～10倍，而成本则是硅谷的1/5甚至更少。

“现在你有一个好创意，一个月后全世界都知道，所以这取决于你的迭代速度和成本。”李泽湘自称去过以色列、硅谷、波士顿等地，“他们的工程师非常了不起，但是迭代过程太慢了，没有像中国科技公司那样快速学习，在市场不断迭代。”

依托深圳，大疆能够享受到供应链红利。

第二，大疆的供应链管理优势。

即使竞争对手同处深圳，大疆也有竞争对手所不具备的供应链管理优势。大疆的品牌影响力、市场份额和规模效应，使其能够从容筛选供应商，并掌握着合作议价权。借助品牌优势，大疆还能够要求供应商同自己一起推进产品研发和产品迭代，以跟上大疆新品推出的节奏。在这种节奏下，供应商也能够加速技术和产品的创新。

大疆庞大的供应商系统和良性的供应商关系，也是其产品快速迭代的基础。

（3）渐进式微创新。

《华尔街日报》曾指出：渐进式的创新能够形成良性循环，

可以使产品价格更低、更容易获得，这也具有革命性意义。

这种渐进式创新，确切地说，应该是微创新，它是新时期产品迭代的秘密武器。

周鸿祎称：“你的产品可以不完美，但是只要能打动用户心里最甜的那个点，把一个问题解决好，有时候就是四两拨千斤，这种单点突破就叫‘微创新’。”

与微创新对应的是颠覆性创新，它在工业时代经常发生，属于“非线性”改变。英特尔前董事长格鲁夫对此做过精辟的总结：“我想援引物理学上的一个概念来描述两种战略行动之间的区别。如果一家公司的战略行动的效应只改变了它自身的竞争地位而非整个环境，该行动就是线性的。相反，非线性的战略行动则会使环境发生变化，而该公司及其竞争对手都必须应付这一变化。”

什么是颠覆性创新？电灯、蒸汽机、火车、空调的发明，都属于颠覆性创新，它们往往能开创一个全新的蓝海市场，或是直接颠覆竞争对手，取而代之。

现实商业环境中，颠覆性创新的机会越来越少，难度越来越大，我们很难看到一个公司仅仅靠一项技术就产生颠覆性改变。今天的企业，不管是互联网企业还是传统企业，其实现快速迭代的最核心的武器就是微创新、微革命。

大疆的产品迭代就是针对产品中的细微问题、缺陷进行微创新、微改进，以此不断完善产品设计，优化用户体验。

比如，在“悟”（Inspire 1）推出之前，大疆部分无人机产品在遇到外界强干扰时，飞行容易失控甚至发生炸机事故。这是算法缺陷所导致的，在后来的迭代产品中，大疆很快纠正了这一问题。

再以精灵系列产品为例，从2012年至今，大疆精灵系列共推出4代13款一体机产品——大疆精灵Phantom 1内置GPS模块，形成一体机的基本雏形；大疆精灵Phantom 2解决了图像传输和部分拍摄的问题；大疆精灵Phantom 3加入视觉定位系统，部分实现智能化；大疆精灵Phantom 4曾被称为"地表最强无人机"，由于具备了环境感知与避障、视觉追踪、指点飞行三大创新功能，它不再是木偶般的飞行器，而是具备一定自主飞行能力的空中智能机器人。

正是这种渐进式的微创新，让大疆能够不断创新技术、优化用户体验，实现产品快速迭代，构建了在飞行控制、云台、图像传输、相机等核心领域的技术竞争力与产品整合能力，成为大疆保持领先优势、持续领跑无人机产业的利器。

（4）算法优势。

有业内人士称："未来即便有一天无人机市场的生意不好做了，大疆也能靠其他产品线活下去。凭借基于大计算基础的自研算法的迭代优势，大疆未来能够涉足的领域，甚至还远远不止我们今天见到的这些。"

大疆产品快速迭代的背后是其强大的算法能力和强大的自研算法迭代能力，这种核心能力不是其他企业一朝一夕能够追赶上的。

3 创新巨匠：不仅颠覆对手，还要颠覆自己

2015年7月19日晚，汪滔在RoboMaster 机甲大师赛“大师之夜”颁奖典礼上的发言中谈到：

“学习知识当然是最重要的，但是我们忽视了对思辨能力的培养。我们目前的教育方法是把学生放在预定的轨道中，他们只需要低头跑步，比谁跑得快，而不需要抬头看路，更不用说需要他规划自己未来的路径，而后者这些能力恰恰是在商业、艺术、发明活动中最为重要的部分。

我们现在的教学体系非常利于观点平庸、循规蹈矩的学生，却缺少对有思维能力、崇尚真知灼见的个人品质的培养，而没有这些能力，在无章可循的商业及创造的工作中，就很难看透本质，找到突破口。”

汪滔从来不是一个循规蹈矩的人，大疆的技术路线也不仅仅是微创新式的产品迭代。汪滔曾讲过，只有“自我革命”才能实现源源不断地创新。

大疆内部的一名资深产品经理也指出：“在大疆，那些力求稳妥的项目反而很难受到支持。”

在这样的技术创新氛围下，大疆开发新产品往往不是去“挤牙膏”，而是在琢磨如何“革自己的命”，实现颠覆性创新。

该产品经理称：“大疆产品很少做技术保留，既然选择要做，就做到极致，70～80分不是我们的目标，在公司内部也会

被批评。大疆每年不会固定为了推新款而出新品，我们完全是按照技术进步的思路来迭代。让用户感受到大疆的产品都是真诚的产品。”

大疆在消费级无人机市场的竞争策略很明显，即通过快速的产品创新和迭代，将对手扼杀在摇篮中，比如，当竞争对手都在对标大疆精灵Phantom 1、Phantom 2打造自己的产品时，大疆及时推出精灵Phantom 3，而当对手计划推出精灵Phantom 3的竞品时，大疆又快速推出精灵Phantom 4，并通过极致的成本控制能力，将产品价格一降再降，而当有无人机公司，比如零度智控，试图绕开大疆的精灵系列产品，走差异化道路开发小型自拍无人机时，大疆又推出了颠覆性的小型掌上折叠无人机Mavic。

Mavic的直接打击目标是零度智控的Dobby，后者是零度智控寄予厚望的产品，总计备了20万台货，其产品售价为1699元，接近成本价。

但是Mavic的阻击，让Dobby成了烫手山芋，导致其出货不畅，库房产品积压成山。

Dobby的销量远没有达到预期，零度智控新一轮融资的进展也不顺利，内外交困之下，杨建军心力交瘁，他主动给汪滔发了一封邮件，谈了如何进行差异化竞争，避免打低层次的价格战。汪滔看了触动很大，于是邀请杨建军访问大疆。

2016年，时隔8年后，杨建军再次踏入汪滔的办公室，两人进行了坦诚而和谐的交流，并表达了合作意愿。最后，杨建军决定重回自己擅长的固定翼无人机领域，而库存的Dobby则交由大疆帮助销售。同时，汪滔还建议杨建军做类似亿航的无人机编队业务，而且大疆研发的通信模块，能实现多个点互相通信，可以让零度智控拿去用，杨建军对此表示欣然同意。

事实上，Mavic的推出，不仅挤压了零度智控和其他竞争对手的市场空间，也对大疆的精灵系列产品造成了直接冲击。因为Mavic继承了大疆精灵Phantom 4所有的技术，且进行了升级和小型化，属于自我革命式的创新。Mavic发布后，很快就成为市场上最受欢迎的无人机，大疆精灵Phantom 4的市场也被严重挤压。汪滔对此早有预料，在Mavic发布时，汪滔就曾说过，只有“自我革命”才能创新。

某无人机企业联合创始人绝望地表示：“如果‘御’（Mavic）自断经脉把精灵干死，那么说明，以精灵为竞争标的物的产品，将寸草不生。”

当市场上找不到对手时，大疆就把自己作为对手，产品创新，不仅要颠覆对手，还要有自我颠覆的勇气。

大疆用Mavic结束了大疆精灵Phantom的时代，从此，大疆也放弃继续研发Phantom系列，那段疯狂的消费级无人机狂欢时代也暂时告一段落，大疆成了汪滔口中的那头活到最后的长颈鹿。

在消费级无人机的行业里，还没有哪家厂商具备能快速推出性能逼近大疆新品的产品的能力。大疆为了保持这种领先优势，不断推出自己挑战自己的产品。

鸡蛋从外部打破是人的食物，从内部打破是新的生命。

伟大的创业者和公司，敢于刀刃向内、自我革命，敢于从内部打破自己，以“不破不立”的气势去改变“旧我”基因，颠覆旧格局，创建新格局，不断推陈出新，创新产品，一代超越一代。

4 令竞争对手手足无措的成本控制能力

大疆的研发能力和产品迭代速度令对手绝望，而大疆的成本控制能力也让竞争对手手足无措。

“没人能在成本控制上打赢大疆。” Skylogic研究中心的无人机行业分析师科林·斯诺说，“他们有三分之一以上的工程师投入在纯研发上。”

2012年，大疆推出大疆精灵Phantom 1，当时其他公司的同类无人机产品价格在1.5万美元左右，而操作简便的大疆精灵Phantom 1售价仅为1000美元，这款无人机凭借价格优势很快打开了市场。

当初，在北美市场，美国本土无人机品牌售价为1800美元时，大疆产品的定价为1400美元，而当美国企业将产品售价降到1400美元时，大疆又将产品售价降至1000美元，让对手无所适从。

很快，在无人机消费者的潜意识中，如果价位相同，大疆无人机一定是性价比最高的那一款。

大疆之所以屡屡以低价冲击市场，在于其一流的成本控制能力。

（1）核心配件自主研发。

大疆掌握了无人机的所有相关核心技术，包括硬件和软件。大疆负责人曾表示，大疆无人机的核心技术都是独立自主研发的，使用的每一个零部件几乎都是在中国生产的，我们根本不怕任何人的封锁，也无须担心会遭遇断供的问题。

价格高昂的核心部件无需向供应商采购，令大疆在很大程度上做到了成本可控。除了核心部件，大疆还将电子产品上久经检验、易于采购的组件用于无人机生产，比如手机和智能手表中常用的成熟部件。大疆无人机的230余种零部件中，80%都包含在通用型号的配件中，而这些配件的价格都很便宜，超过10美元的都很少。

2021年，《日经亚洲评论》（Nikkei Asian Review）联同东京调查公司Fomalhaut Techno Solutions，对大疆2021年初推出的Mavic Air 2进行拆解，发现其80%的零件属于采购物料，而这部分采购物料的价值只是其售价的约20%，即其成本率仅为20%，低于智能手机的30%～35%。日本某企业的高管表示："日本企业要达到相同性能的话，仅材料费就会达到整机价格的2倍。"

据前瞻产业研究院的数据：2015—2017年，大疆营收分别为59.8亿元、97.8亿元、175.7亿元，净利润则分别为14.2亿元、19.3亿元和43亿元。3年的净利润率分别为23.7%、19.7%和24.47%，远远高于同行，这也是大疆成本控制能力的直接体现。

（2）供应链优势。

大疆立足深圳，得益于深圳电子工业环境和供应链优势，不出市就可以采购到物美价廉的电子元件，甚至一些冷僻特殊的配件或替代品都能够找到，这使得大疆有了成本优势。这也是企业和深圳供应链优势完美结合的一个范例。

迈克尔·波特在《竞争优势》中指出，企业建立（获取）成本优势的两种主要路径，其中之一是“重构企业价值链”。

波特指出，由于很多企业与同行竞争者的成本在很多方面是非常接近的，此时如果通过改变某些价值链，则会显著改变与竞争对手的成本差异。比如采取新生产工艺、改变渠道模式、改变上下游关系、品牌塑造和营销等。

大疆具备波特所言的良好的上下游供应链关系，这进一步降低了产品成本。大疆依据其品牌优势和规模采购优势，不仅在供应链中具有议价权，同时还可倒逼供应商加快技术创新和产品创新，这不仅能够促使供应商的产品更好地匹配大疆的产品迭代速度，还能够帮助大疆降低成本。

美国密歇根州立大学的一项全球范围内的采购与供应链研究结果表明：在所有降低采购成本的方式当中，供应商参与产品开发的方式最具潜力，成本的降低幅度可达42%，利用供应商的技术与工艺则可使成本降低40%，利用供应商开展即时生产可使成本降低20%，供应商改进质量可使成本降低14%，而通过改进采购过程以及价格谈判等仅可使成本降低幅度达到11%。

由此可见，降低采购成本的最高境界是让供应商跟上自己的节奏，参与（主动或被动）产品开发，大疆做到了这一点。

（3）规模效应与品控能力。

大疆的创新模式，分为两个阶段。

第一阶段：技术驱动型创新。汪滔将在香港科技大学的科研成果积极地对接市场需求，将科研成果进行产业化、商业化来满足市场的需求。

第二阶段：市场驱动型创新。将市场定位从原来的产业客户、兴趣用户，走向了更广泛的消费级市场和大众用户。

大疆的核心竞争力，是把同类产品的价格做得更低，释放了更广大消费者的购买力，激活了更大规模的消费群体，形成规模效应、规模优势。

规模效应能直接降低配件采购成本和产品生产成本，大疆作为民用无人机市场占有率第一的品牌，其规模优势自不必多言。

大疆还具备一流的品控能力，这又进一步降低了成本。自动驾驶技术研发公司英博超算CEO田锋曾指出："一方面是价格，更关键的是大疆的产品品控能力是其他竞争者目前难以匹敌的，毕竟大疆在量产方面的实力明显强得多。"

5 研发逻辑：商业化不在第一思考位

“现在做纯运动控制的博士，就业是否处于一个尴尬境地？”

前大疆教育技术总监杨硕，在回答这个问题时，回忆起在大疆工作时的一次难忘经历。

当时，大疆某型号多旋翼飞行器的研发过程中出现问题，旋翼的旋转造成扰动，扰动又导致飞行振动。待飞行控制调好，云台又开始振起，最终航拍相机的图像总有“果冻效应”。

杨硕称：“大家尝试了很多工程方法都难以解决，一度有人觉得这个项目完了，这种构型是不可能稳定飞起来航拍的。然后，飞行控制负责人和云台负责人开始在白板上画伯德图，讲相位裕度，讨论说你把你的频谱挪一下，我把我的频谱挪一下，我们都挪出更多的裕度，大家退一步海阔天空。”

就这样，导致整个研发项目停顿的难题被大疆飞行控制负责人和云台负责人合力解决，新知识的运用方法在研发中碰撞出来，大疆产品得以继续开发，几个月后，这款产品惊艳亮相，即大疆“御”（Mavic）无人机，它还登上了国外第八版《动态系统反馈控制》原版教材的封面。

这个技术问题的解决过程令杨硕印象深刻。问题得以解决是由于跨界基础学科碰撞的突破。

创新，很多企业都喜欢做，但基础研究极少有人做，大疆坚持认为如果不在学科上超越，便很难在市场上超越。

2018年10月某日深夜，马化腾突然在知乎上面抛出一个问题，涉及基础科学："未来十年哪些基础科学突破会影响互联网科技产业？产业互联网和消费互联网融合创新，会带来哪些改变？"

为何马化腾提及了基础科学？因为基础科学的探索和研究是一切科学应用的基础，只有基础科学理论先有了突破，应用层面才能有所突破。

如果没有电磁理论领域的麦克斯韦方程，就不会有今天的收音机、电视机、手机、GPS等产品，也不会有互联网和有线电视，因为电缆光纤的设计都要遵循麦克斯韦方程。

如果没有量子理论的薛定谔方程，就不会产生半导体产业，也不会出现半导体元器件、集成电路、电子计算机、手机，各种智能设备以及一切电子仪器设备。

如果没有凝聚态物理中发现的巨磁阻效应，硬盘的容量将限制在4GB，而不是我们看到的TB级别。

这就是基础科学突破的能量所在，基础科学是探索人类的认知边界的，而随后的应用层都是在该边界框架内进行的，很难破界。

2016年6月，在全国科技创新大会上，华为总裁任正非进行了汇报发言。他表示华为已经感到前途茫茫，找不到方向——

"华为现在的水平尚停留在工程数学、物理算法等工程科学的创新层面，尚未真正进入基础理论研究。

随着逐步逼近香农定理、摩尔定律的极限，而有关大流量、低时延的理论还未被创造出来，华为已感到前途茫茫，找不到方向。华为已前进在迷航中。

重大创新是无人区的生存法则，没有理论突破，没有技术突破，没有大量的技术积累，是不可能产生爆发性创新的。华为正在本行业逐步攻入无人区，处在无人领航、无既定的规则、无人跟随的困境。华为跟着人跑的‘机会主义’高速度，会逐步慢下来，创立引导理论的责任已经到来。”

华为的迷茫，在于基础科学理论储备的潜能已经被挖掘到了极限，如不能进一步取得基础科学研究层面的突破，应用层的技术将会原地踏步。

范内瓦·布什在《科学：无尽的前沿》中提出基础研究的重要性：“今天，基础科学是技术进步的引领者，这一点比以往任何时候都接近真理。”

现代科学分为基础科学、技术科学和应用科学三部分。其中基础科学处于最底层，以自然现象和物质运动形式为研究对象，探索自然界的发展规律。基础科学最难突破，一旦突破就能改变世界。以无线电为例，作为基础科学，无线电派生出了电视、手机、雷达、导航、电力传输等几十个技术科学，产生了数以千计的产品应用。

基础科学虽然最重要，但最容易被忽视。因为基础科学投入大、见效慢，而应用科学投入小、见效快。正因为如此，绝大多数公司都喜欢做应用层面的研究，比如腾讯、美团、拼多多、滴滴、小米，却鲜有公司问津基础研究，但是，基础科学研究一旦突破，企业将获得相对于竞争对手的战略优势。

汤森路透发布的“2011—2019全球创新企业”名单显示，日本上榜企业数量持续领先，日本的东芝、日立、富士通、丰田等大企业均被评价为最具创新性企业。近年来，日本先后有三位企业科学家获得诺贝尔奖，这些无不说明日本企业对基础科学研究的重视。韩国三星的研发投入一直处于世界企业的前列，很多技术研发都不是针对当下，而是致力投资于未来技术。

华为是为数不多的注重基础科学研究的中国公司，在每年150亿～200亿美元的研发费用中，其中有20%～30%都是用于基础研究。华为在全世界拥有26个研发能力中心，拥有由700名数学家、800名物理学家、120名化学家、六七千名基础科学研究领域的专家，以及六万多名各种类型的工程师组成的庞大科研队伍。这或许正是美国制裁华为，而不去制裁其他应用型互联网公司的根本所在。

大疆后来也被美国列入制裁范围，原因在于它在无人机领域的核心技术同华为一样注重基础科学研究而并不仅仅是为了商业化。

2015年7月，在极客公园主办的“奇点·创新者峰会”上，大疆副总裁潘农菲在演讲中提到——

“无人机产业创新的方向在哪里？第一，无人机本身有大量创新的工作要做，更重要的是无人机和行业结合的应用会有更多的想象空间。我打一个比方，像移动互联网现在这样热，像华为这样的公司做的，也是大疆现在在做的事情，就是一个网络的基础建设，它们很成功。但是更成功的是像上面各类移动应用，比如像微信、搜狗输入法、美图、美拍、百度新闻，这些都非常好。

我们觉得无人机和行业结合会带来行业升维的创新，这是我们坚信的一个东西。作为智能节点的无人机和这些行业结合起来，更会带来这个方面的量子跃迁，但是这个非常困难，现在大疆也在和这个行业的顶尖公司做很多基础科学的研究，希望在这个方面能够做出很多突破。”

相对于特斯拉总裁马斯克敢于投入飞船基础研究，探索载人飞船登陆火星，包括大疆、华为在内的注重基础科学研究的公司，也在积极冲击无人区，立足基础科学研究，投资未来。

在大疆的研发逻辑中，商业化方向从来不在第一思考位。大疆研发团队认为，预设商业化方向后，再做技术研发，往往做不出来。

某大疆高层称：“整个大疆像是一个巨大的实验室，产品发展路径是由技术研发串联起来的，商业化的项目不到实验室全部项目的1/3。”

汪滔也不希望大疆成为一家追热点的公司，而是希望它立足无人机技术，围绕相关基础学科，沿着“基础研究+应用研究”相结合的技术路线，探索无人机技术和智能技术的无人区，寻求未来的重大突破。

6 汪滔：科学家、工程师、商人复合体

马克·扎克伯格说："80%的企业文化由创始人决定。"

企业文化直接取决于创始人的性格和特质，企业会反映出创始人的一切，包括个性、长处、弱点等。如果创始人很有竞争精神，那么公司也会更加上进求胜；如果创始人善于分析、驾驭数据，那么公司也会倾向于在理性之上作出决定；如果创始人是个深思熟虑的人，那么公司发展可能会相对滞缓；如果创始人具有很强的技术背景，那么他就会很好地引导公司进行产品开发，打造核心技术上的护城河。

极客出身的汪滔，给大疆奠定了工程师文化和创新基因。

2012年，远瞻资本创始合伙人胡明烈将大疆的无人机产品拿给合伙人李喆看，后者也是无人机等电子产品的骨灰级爱好者。李喆在把玩过之后，给出了两个字的评价——"很牛"。后来，远瞻资本也参与了对大疆的投资。

在胡明烈看来，汪滔身上兼具科学家、工程师、商人三个属性："他既是CEO（首席执行官），也是CTO（首席技术官）。CTO的出发点是技术解决方案，这很大程度上降低了沟通成本。"

在大疆官网的创始人寄语中，汪滔分享了这样一段话："十余年间，DJI开始走上跨维度的成长之路，从一家只生产高科技产品的公司，正在进化成一个通过创造最好的产品来不断培养和成就德才兼备的人才的公司，展现出改造世界的无限

可能。我们的经历证明，那些不去曲意逢迎、不去投机取巧的人，那些始终踏实做事、不断磨砺心性的人，终将洞见时代机遇，并最终改变世界。

大道无疆，创新无限。如果你志存高远、怀揣梦想，决心踏实做事、创造价值，那就加入DJI吧！在这里，分享属于创造者的快乐，与志同道合者同行，遇见更好的自己！”

汪滔的个性特质，影响了大疆的企业文化，也影响了每一位大疆人。

（1）工程师和创新基因。

大疆上下有着强烈的工程师基因和汪滔的个人色彩，大疆的员工有一半为工程师，25%为研发人员，属于以研发为导向的人员配置，研发力量远超竞争对手。

据某大疆内部人士透露，汪滔创立了高效的研发体系和研发规则。一名大疆离职研发人员也表示：“汪滔的研发习惯非常好，技术文档写得可以当教科书，他会把技术需求分门别类，并且把每个流程从哪个环节去调取都列清楚，有这种研发习惯的人很难不成功。”

在工程师文化和研发导向赋能下，大疆持续创新，在消费级无人机领域，大疆基本保持每年推出1个重磅新品的迭代节奏。从Phantom的1代到4代，每一代新产品都有明显的技术进步，完成了“从Flying Camera（航拍无人机）到Flying Robot（智能无人机）”的跨越。

2016年之后，大疆主攻无人机小型化技术，先后推出Mavic系列折叠无人机和Spark系列小型无人机，产品创新周期越来越短，例如，大疆Phantom 4、Mavic Pro、Spark、Mavic Air 的上市时间分别是2016年3月、2016年9月、2017年5月、2018年1月，时间间隔分别为6个月、8个月、8个月，全新产品的上市周期缩短至半年左右。

（2）扁平化管理体系。

传统公司的管理层级较多：从水平层面看，组织层级通常分为CEO—全球层—大区层—小区层—小区内部；从垂直层面看，又分为各种业务事业部和财务部、人力资源部、行政部、法务部等支撑部门。各个分层、事业部、支撑部门都要向上一层级进行逐级汇报。这种多层级的管理模式会影响信息的有效传递，而且复杂的汇报流程，不仅耗费时间，同时也会让高层脱离一线市场和客户，从而导致决策迟缓和创新乏力。

在互联网时代，新型企业组织架构正在朝扁平化方向演进，管理层级大大缩减，比如小米，其公司组织架构只有三层，即合伙人—部门领导—员工，公司不会让团队规模太大，团队规模稍微大一些就会被拆分成小团队。

扁平化的组织结构能够有效对抗多层级组织所导致的信息衰减与扭曲，组织越扁平，信息流通的速度越快、透明度越高，组织活跃度和创新能力也就越高，越能实现高产出。管理者也可以有效通过授权、赋能来提升下属的能力，从而减少沟通和反馈的次数，提升管理效率。

大疆的管理体系也极度扁平化。2014—2015年，红杉投资大疆后曾经空降一批职业经理人，由于传统管理讲求“因事设人”，而大疆的文化是“因人设事”，结果，职业经理人与大疆文化产生了较大冲突。后来，空降的高管纷纷离职，汪滔在公司内部不再设立各种“C×O”，而是让有能力者有权限调动资源、组建团队，类似百度的自组织小团队。

举例来说：在百度的一场内部会议上，一个商务部门的主管和一个技术部门的主管坐在了一起，由于所处工作领域完全不同，起初二人并没有找到太多的共同话题，也没有发现业务上的交集。不过，在经过十多分钟的深度沟通后，两位主管开始了兴奋的交谈。原来，商务部门正在推进的业务模块同技术部提供的后台技术密切相关。经过激烈碰撞，二人决定牵头成立一个十余人的跨部门临时业务团队，目的是基于二者的业务相关性扩展出一个实质性工作团队，以提升工作效能，创造出更多新的可能性。

有员工表示，大疆更像一个社群性质的公司，拥有类似一个网状的分布式管理架构，每一个管理者都是一个节点。

扁平化和社群化的组织结构，拉近了高层领导和一线员工的距离，提高了沟通效率，营造了和谐的创新氛围，确保了公司的快速反应能力，为产品的创新和迭代带来了便利。

（3）只要有点子，就能带团队。

在创意面前，大疆没有论资排辈，没有管理层、普通员工和实习生之别。

2012年，汪滔和大疆的研发团队面临大疆精灵Phantom系列画面不平稳以及360°无遮挡拍摄等技术难题，当时还是实习生的陈逸奇大胆地提出了自己的解决方案，化解了技术难题。

尽管当时陈逸奇还未大学毕业，但汪滔还是大胆对他委以重任，给了他一支技术团队和数千万元的研发资金，用于技术创新和技术攻关。

大疆推行研发团队产品经理竞聘制度，员工不管来自哪个岗位或是来到公司多久，只要有点子，计划书能经得住研发团队主管们的拷问和质疑，就能申请带团队，开发产品。汪滔表示："只要是研发团队的人，无论进入公司多久、资历多少、岗位是什么，只要有点子，计划书能经受住研发团队主管们的拷问和质疑，都能带团队。"

第 9 章

大道无疆：汪滔的成长与大疆的未来展望

我很欣赏史蒂夫·乔布斯的一些想法，但世上没有一个人是让我真正佩服的。你所要做的就是比别人更聪明——这就需要你与大众保持距离。如果你能创造出这种距离，就意味着你成功了。

——汪 滔

1 汪滔的黑白世界 VS 企业管理的灰度

技术出身的汪滔有一个鲜明的特性——是非分明，凡事非黑即白，没有中间地带。无论技术研发还是企业管理，在汪滔眼中都是黑白世界。

汪滔是一个内心坚定的人，他很少在公众面前吐露心声，即使面对一些不得不出席的场合，汪滔也是现场最沉默寡言的人。戴着圆框眼镜、留着山羊胡的汪滔，看上去更像是一位深藏不露的极客，很难让人将其和一家科技巨头的CEO联系起来。

是非分明的人眼里容不得沙子，汪滔曾在给新员工的寄语中写道："DJI（大疆）是一方净土，只有纯粹的创业和为梦想而生的艺术家。"

为了维护大疆这一方净土，汪滔的管理风格异常强硬，甚至可用固执来形容。

（1）合作伙伴。

大疆早期三名核心员工卢致辉、陈楚强、陈金颖的相继离开，很大程度上就是由于汪滔的固执、苛刻与专制。有人在知乎上匿名评论道："汪滔作为商人十分优秀，但对合作伙伴的态度确实有点让人寒心。"

汪滔的强硬还表现在对大疆北美分公司负责人奎恩的处理上，他没有任何的妥协，而是选择以最激烈的方式将对方扫地出门。

（2）员工。

对待员工，汪滔则表现出高冷、孤傲的态度。多位接受采访的大疆内部员工透露，他们很少能在公司看到汪滔。“他不是一个经常会和员工打招呼、和员工很亲近的人。”不少大疆员工对汪滔心里更多的是畏惧，“最好离他远一点，说不定你离他近了，他看你不爽。”

在另一些员工眼里，汪滔是这样的形象：“他就是最厉害的那个人，他看我们这些人可能都不屑一顾。”

大疆的员工管理方式也很严厉，公司内部坚持实行一种快速淘汰的工作模式，对于业绩不达标的员工，汪滔的意见是直接辞退，没有任何商量的余地。有些从大疆离职的员工则表示：“在大疆，需要有一颗强大的内心，因为玻璃心很难生存下去。”

对于内部腐败现象，汪滔更是零容忍，轻则开除，重则移交司法机关。

（3）外部投资者。

除了对合作伙伴、员工推行强硬的管理措施，对于外部投资机构，汪滔同样丝毫不妥协。

2018年4月，大疆以竞价的方式获得一笔10亿美元的融资。对于参与大疆此次融资的外部投资者，汪滔的态度一样强硬，他制定的融资规则是——既不对赌业绩和上市时间，也不开放内部尽职调查，且投资人不能影响和干预公司正常运营。

在大疆员工看来，汪滔这种强硬的管理方式和处事态度都属于正常反应，因为他是一名完美主义者，强势的性格让汪滔的世界里没有妥协，只有非黑即白。

在汪滔的熏陶下，大疆的公司文化是以工程师为主导的。在大疆内部，研发部属于强势部门。如今，这种以研发为主的文化是大疆的核心竞争力之一，但同时也给大疆带来了一些新的困扰。

作为一家影响力越来越大的科技企业，不仅仅只有研发部门。对于汪滔，除了要做好一名极客和优秀的工程师，还要兼具企业统帅之职。

非黑即白、是非分明的行事准则，对于企业管理未必是好事，企业运营中的很多问题都需要管理者做出一定的妥协和让步，一味地强硬，有时不仅无助于问题的解决，反而会让局面变得越来越糟。

从管理的角度看，要将一件事情做到完美，所需要付出的代价和成本将是巨大的，一个企业要从90分做到100分，所要花费的代价是呈几何式增长的，这会无限地扩大企业的各种运营成本。

毕竟，企业管理不是搞技术研发，不是编程序写代码，不是只有0就是1。

2013年之前，大疆人员流动频繁，2013年，汪滔开始以华为为师。

在任正非的管理哲学中，有一条很重要的“灰度”理论。灰色，是介于黑和白之间的颜色。

灰色，除了它的颜色属性之外，更多的是让人想到那些躲躲闪闪、见不得人的东西，如“灰色交易”。在《血酬定律》中，作家吴思还用灰字发明了一个新词——灰牢，也就是非正式监狱的意思，比如古代的“班房”，现代的“小黑屋”之类的。它们本身是不符合法律法规的，但又是确实存在的，说黑不黑，说白不白，“灰牢”对它们而言可谓是一个恰如其分的称谓。

所谓“灰度”理论，即中庸之道，凡事不走极端，懂得适度和弹性。

任正非指出：“一个领导人的重要素质是方向、节奏。他的水平就是合适的灰度。坚定不移的正确方向来自灰度、妥协与宽容。一个清晰的方向，是在混沌中产生的，是从灰色中脱颖而出的，方向是随时间与空间而变的，它常常又会变得不清晰。并不是非白即黑、非此即彼。合理地掌握合适的灰度，是使各种影响发展的要素，在一段时间和谐，这种和谐的过程叫妥协，这种和谐的结果叫灰度。”

任正非主张用灰度来决定企业内部各种事务的关系。管理企业，最稳定的方式就是平衡。奖励与惩戒，需要有一个平衡。短期利益和长期利益，需要有一个平衡。抓经营和抓管理，需要有一个平衡。总部插手管理和给小团队权力，需要有一个平衡。

企业内部事务，不管靠向哪一端，都会让企业蒙受损失，让企业失去稳定性。企业内部事务必须保持在中间，保持在灰色地带里，才能保证企业稳定前进。

再比如，任正非还强调用灰度来看外部环境。商业竞争主要来自行业内部的竞争，这种竞争是不可避免的，也是必不可少的。缺少了竞争，企业就缺少了动力，无法前进。而太过激烈的竞争，又会导致竞争的双方或多方都陷入亏损的状态，杀敌一千，自损八百。

用灰度来看外部环境，世界上没有永远的对手，只有永远的利益。只要抓住了利益这个点，利用灰度来看竞争，利用灰度来衡量我们与对手之间的关系，你就会发现，对手未必永远是对手。当我们的竞争对手有了更好的技术，我们也可以向其购买，与其合作。而当我们有了更好的技术，同样可以给对手一定的支持，盘活行业市场。

我们的竞争对手，如果从灰度的角度去评价，就都不是纯粹的竞争对手。我们与竞争对手不仅有竞争关系，还会有合作关系，甚至有些时候，彼此都是对方利益链上的一环，无法分割。

灰度是黑白融合的世界，妥协与开放离不开灰度，但灰度却不是一味地妥协和开放。即便是妥协与开放，也要用灰度来衡量，也要有一个限度，这才是灰度管理的精髓所在。

在任正非看来，“灰度”理论的要旨在于：

第一，宽容是领导者的成功之道。

第二，没有妥协就没有灰度。

第三，坚决反对完美主义。

第四，因地制宜，实事求是。

任正非的“灰度”理论，同汪滔的黑白世界，既是对立的，也是互补的。汪滔曾说：“任正非身上拥有很多优秀的品质，他的做法、想法也给我带来不少的启发。”

经过对早期激烈而强硬的管理模式的摸索后，汪滔也在积极蜕变，在高管、员工、投资人、媒体之间变得更加游刃有余，他正在走向黑白融合的“灰色”世界。

2 汪滔：世上没有一个人令我真正佩服

中国科技圈里，谁是最像史蒂夫·乔布斯的企业家？

从偏执的个性、对产品的完美主义追求、产品的颠覆性和全球的影响力来看，不是雷军，也不是罗永浩，而是大疆创始人汪滔。工程师出身的汪滔，追求极致的产品，追求完美主义，对大疆无人机上一颗螺丝的松紧程度，汪滔都有严格的要求。

汪滔同史蒂夫·乔布斯有着相似的特质。作为屈指可数的能够引领全球行业发展潮流的中国科技公司，大疆常被媒体拿来和苹果相提并论，但是汪滔对这种赞誉并不是太在意。

汪滔称："我很欣赏史蒂夫·乔布斯的一些想法，但世上没有一个人是让我真正佩服的。你所要做的就是比别人更聪明——这就需要你与大众保持距离。如果你能创造出这种距离，就意味着你成功了。"

汪滔不崇拜任何人，甚至没有一个人令他真正佩服。不过，除了自己，让汪滔推崇的聪明人还有一个，汪滔在朋友圈写道："这个人创建的公司比任何互联网公司都强，也比苹果强。"

汪滔提及的人是任正非。在他看来，"20世纪90年代中国还是一团糟的时候，任正非从做销售起家，最后可以把技术做得那么牛，团队管得那么好，而且他的方法论、价值观又不是为了钱。现在这些为了钱和名的人，都是蛮低级的"。

聪明人的性格大都骄傲、激烈，汪滔也常有一些惊人的观念和激烈的措辞。

（1）完美主义者。

汪滔称自己是“一个不招人待见的完美主义者”。汪滔说：“中国自近现代以来，从来没有牛过，产品没有牛过，文化也没有牛过。一帮人已经完全没有自信，不得不依赖所谓2000年以前的智慧。我们希望找到志同道合的人，想去改变中国文化的一帮人，通过商业的行为，去做牛的事情。”

汪滔期望通过对产品的完美主义追求，来做牛的事情、牛的中国产品。他无法容忍不完美的产品。2015年4月，大疆在美国纽约举行的大疆精灵Phantom 3发布会，汪滔并未前往参加，因为“这款产品并不像他想象的那么完美”。

汪滔是一个工作狂。创业早期，汪滔每周工作时间都在80小时以上，他的办公室门上写着两行汉字——“只带脑子”和“不带情绪”。汪滔的办公桌旁边放着一张单人床，他经常晚上十一二点来到办公室开始工作。有了灵感，就会拿起电话和员工交流。汪滔的这个习惯保留至今，大疆不少高管直到现在还会在午夜时分接到汪滔的电话。

汪滔是公认的完美主义者，难以容忍愚蠢和懒惰。有意思的是，让汪滔敬佩的任正非，在很多管理理念上同汪滔都截然相左。相对追求完美主义的汪滔，任正非则公开提出要反对完美主义。

任正非是低调务实的领导者，他历来反对用完美主义来衡量企业成绩、对企业各种生产要素进行高大上的处理。

任正非指出："世界是在变化的，永远没有精致完美，根本不可能存在完美，追求完美就会陷入低端的事物主义，越做越糊涂，把事情僵化了。做得精致完美，就会变成小脚女人，怎么冲锋打仗？……华为为什么能够超越西方公司，就是不追求完美，不追求精致。"

世界上的任何东西都有缺陷，任何一家公司都不可能号称自己的所有产品都是完美的、任何一件产品都是没有缺陷的。一味地追求完美，一味地追求完成每个细节，必然是得不偿失的，必然会贻误战机。我们要在企业能够获利、能够生存的情况下，不断完善细节，这才是企业的生存之道。

任正非历来反对完美主义。早在1997年，任正非就指出："华为公司从创办到现在，从来没有追求完美，追求完美我们就根本动不了。我们在推行各种政策时，只要大的环节想明白了就推行，然后在推行过程中慢慢优化。"

比如，华为强调在为客户进行产品交付时，要做到及时、准确、低成本，反对画蛇添足，故意增加一些不必要的流程，因为这既耽误了时间，也增加了成本。

或许，不完美才是一种最佳的状态，而正因为坚持不做完美主义者，华为才能在缺陷中不断进步，才能在坎坷中不断前进。

（2）世界笨得不可思议。

"每个不曾起舞的日子，都是对生命的一种辜负。"尼采在《查拉图斯特拉如是说》中说到。

这个世界上，大部分人都在辜负生命，能够实现理想和抱负的人屈指可数。同样，世界上的聪明人和精英也只是金字塔尖上的极小一部分人。汪滔毫不留情地指出这个世界太笨了。

“笨得不可思议。”汪滔称，“工作以后发现，不靠谱的人和事太多了，这个社会原来是这么愚蠢，包括很多很出名的人，或者大家以前当成神、现在也当成神的人，其实水平也不高嘛。我也经常在怀疑自己，你这玩意儿是不是有点脑子发昏了？我时时刻刻都在质问自己脑子有没有发昏，但还是发现，这个世界很笨。”

汪滔将人分为笨人和聪明人，聪明人不是指智商高，而是具备追求事物本质的意愿和能力，“在实践中解决的困难问题越多，脑洞开得越快”的人；而笨人，则是指难以把握事物本质，容易被一些表象所蒙蔽，比如喜欢看朋友圈鸡汤，被一些时髦的理念所迷惑的人。

（3）人恶没有大智慧，心邪做事不靠谱。

2016年2月3日，汪滔发了这样一条朋友圈：“善、恶、蠢，三股势力，本质上是善对决恶蠢联军，恶蠢之间是SM关系。善的定义为有力量之美。人类的最大敌人是愚蠢，愚蠢是万恶之母，要消灭恶，先消费（灭）愚蠢，S没了M是活不下去的。”

后来，汪滔又将上述内容缩短为一句话：“人恶没有大智慧，心邪做事不靠谱。”这句话被汪滔称为“大疆猜想”。汪滔说：“如果我能对世界有什么期望，我希望这句话是宇宙真理。”他甚至希望有人能像证明哥德巴赫猜想一样，把“大疆猜想”证明出来：“如果‘大疆猜想’不是真理，恶人、邪人就会太有本事、太有能量，社会就会向恶、邪进化。”

“最聪明的人一定不会选择做坏人。”在汪滔看来，聪明和善、坏与笨之间是有深刻的逻辑联系的，“野心比较大、能力低一点的人，就容易变成坏人。”

直率、激烈、爱憎分明，这就是汪滔。

大疆的使命和愿景是什么？汪滔的回答是：“就是想好好玩一把。”

3 大疆文化内核：激极尽志，求真品诚

深圳卫视主持人朱克奇问汪滔：“大疆的异军突起可谓是商业传奇，究竟是什么力量推动这个商业传奇？”

汪滔的回答是：“其实我自己给公司定了一个口号：激极尽志，求真品诚。意思是激发我们极尽的志向。中国其实从以前开始，一直在做低附加值的产品，做便宜货，走低性价比路线。我再也不要这样的生活，我们需要在擅长的领域，不光做全中国最强，甚至要做全世界最强，全宇宙最强。求真品诚是不断追求真知灼见。

在这个社会上，充斥着大量的歪理邪说。每个歪理邪说听起来有几百个道理，但这些道理中，只有极少部分是值得大家去做的。追求真知灼见在做出正确的选择中，是很重要的东西。最后也是最重要的一点，变成善良的人，真诚对待事业，真诚对待合作伙伴。”

“激极尽志，求真品诚”是汪滔在2015年提出的企业价值观，汪滔将其视为大疆企业文化的内核，用来激发员工的潜力和积极性。“激极尽志，求真品诚”读上去有些拗口。汪滔说，之所以不像很多公司一样用一句成语来表达企业价值观，是因为成语都被人用滥了，缺乏创新。

“激极尽志，求真品诚”后来得到了进一步的完善和充实。在大疆官网的“文化理念”介绍中，有这样一段话：“我们秉持‘秉持公心、求真品诚、激极尽志、反思自省、积极正

向、知行合一’的价值观，鼓励每一个人在做事的过程中发现自我、磨砺自我、收获成长。”

大疆由一群从不妥协、极富洞见、坚持梦想的人聚合而成，坚信实干而非投机，坚信梦想而非功利。浓厚精英氛围的形成，离不开大疆一直以来的核心价值观：激极尽志，求真品诚。简单理解就是如下关键词。

（1）追求极致。

在早期员工卢致辉看来，大疆创立多年，公司发展日新月异，但汪滔变化却不大，他依旧是一个乔布斯式的工作狂，无时无刻不在追求完美。

这种理想主义的心境让大疆保持了对产品和技术的极致追求。

汪滔是一名乔布斯式的工作狂，他无时无刻不在追求极致，追求完美，谈话不离“极致”“卓越”，对与此背道而驰的理念嗤之以鼻。汪滔称，有人只用了三分精力去做产品，却花了七分精力去做包装宣传，这种产品术令人不齿。

汪滔要求大疆产品要做到像苹果手机那样极致，他希望国产商品不再是劣等品的代名词。在大疆员工看来，汪滔追求完美，只要涉及产品，他都会要求做到极致，决不妥协。曾在大疆市场部门任职的某资深员工称，大疆在消费级市场的逻辑一直都是将产品做到极致，去引领市场，引领客户。

2016年，在大疆创立十周年之际，汪滔在公开信中表示：“创业十年，我们在专心做出极致产品当中找到了极大的乐趣，同时，我也不太喜欢稍有成就就出来经营自己，知名成功人士并不是我的追求。这也是我非常敬佩任正非的原因，他的兴趣在于做事，解决难题，而不是包装自己来出名。”

在创始人汪滔的影响下，对产品的极致追求也被刻到了大疆的企业基因和文化中，追求极致是大疆的价值观。

（2）真知灼见。

大疆衡量人才有一个重要的标准——真知灼见。所谓真知灼见，即要做到不跟随、不跟风、不盲从，能够独立思考并透过现象看到问题的本质，提出解决问题的办法。

大疆非常“任性”地坚持让有真知灼见的人得到资源。为吸纳人才、培养人才、让人才顺利成长，大疆为人才提供了扁平化的机制和平台。在这个平台上，研发资源的分配，需要每个人凭借自己的创意以及解决问题的能力去公平争取，研发预算不设上限。

人才是大疆发展的中枢力量。大疆公关总监谢阗地称：“对于人才，大疆有着自己的定义标准——真知灼见。所谓真知灼见，主要就是看在做事情或者看问题时，能否做到不跟随、不跟风、不盲从，能否独立思考并透过现象看到问题的本质，提出解决问题的办法。”

汪滔也指出：“大疆就是个敢于说真话的孩子。这里由一群从不妥协、极富洞见、坚持梦想的人聚合而成。我们坚信实干而非投机，坚信梦想而非功利。”

大疆敢于大胆重用具备真知灼见的人才，并在资源上给予其无限支持，比如，2012年解决了“精灵”系列无人机空中悬停、画面平稳及360° 无遮挡拍摄等难题的实习大学生陈逸奇，就被破格提拔。汪滔让其做了一个百人团队的领导，提供了数千万元的研发资金。

（3）脚踏实地。

汪滔指出："我们的经历证明，初出茅庐的年轻人只要踏实做事，就能够取得成功。我们相信，那些回归常识、尊重奋斗的人，终将洞见时代机遇，并最终改变世界。"

脚踏实地是大疆推崇的做事品质，而大疆在研发上也是如此。大疆公关总监谢阗地指出："大疆所从事的，是从来没有做过的事情，在这方面，资本基本上帮不了什么忙。资本所能帮助的，是在做重复性的事情上。比如，某件事情需要重复做3年才能出来一定的成绩，有了资本的助力，可能将做这件事情的周期缩短到1年甚至半年。但是，大疆所致力的创新性、突破性的事情，无法预知要花多长时间，说不定突然灵感来了就很快，也说不定要拖很长时间，此时投入1万元或1亿元，几乎没有大的区别。"

追求脚踏实地的大疆，还要同投资方做好沟通。比如，大疆想做一个不进行商业化的项目或者技术，但资本可能就接受不了这一点，而大疆又不得不坚持做。

大疆在产品研发上并没有被资本的进入打乱节奏。汪滔深知，产品研发不能投机取巧，而是需要长期的投入和长时间的坚持，要脚踏实地做研发。

（4）求真。

2021年10月，大疆正式发布了大疆如影4D（DJI Ronin 4D）——全球首台8K四轴电影机。大疆如影4D的身上，大疆把专业云台和电影机合二为一，做出了一个四轴稳定的解决方案。

奥斯卡获奖摄影指导埃里克·梅塞施密特（Erik Messerschmidt）在项目中，使用大疆如影 4D拍摄了很多极具挑战性的城市夜景。他给了如影 4D很高的评价。

大疆如影4D先后经历了长达5年的研发时间，该项目组的研发工程师指出："现在的电影机不是它应该有的样子，那我们就来让它变得更好。"这名工程师说："其实就是大疆内部一直强调的两个字——求真。"

为了求真，曾经天天研究代码和结构的大疆工程师们开始进驻剧组，整天和影视从业者泡在一起。他们相信只有这样才能真的找到电影机"应该有的模样"。

在这些工程师们的描述中，求真被理解为：是否做一件事情的判断依据只有一个——当你认为它还不是它应该有的样子且可以用技术手段来优化它的时候，那就做吧。

（5）品诚。

品位，是大疆人经常提到的一个词。在他们眼中，品位决定了品质、品诚。大疆产品的零件设计、外观造型甚至海报绘制，每一处细节都需几番打磨。在汪滔的眼里，研发团队应有诗人和艺术家的品位。"我们把极致创新和独特创意视为发展的内在动力，在零件设计、外观造型甚至海报绘制的每一处细节，都致力于给人带来美感和享受。"

大疆副总裁邵建伙对大疆成功的解读是："没有什么秘密，我们更关注产品本身。用技术和质量说话，让用户有良好的产品体验。同时，保持敏锐的洞察力，挖掘潜在的用户需求，开辟全新的市场领域，激发人们的使用欲望。我们希望拿出的每一款产品都足够令人赞美。”

大疆的每一款产品都足够令人赞美，品诚至此，成功水到渠成。

4 IPO假说：大疆的上市谋划

截至2022年1月，除了早期的天使融资外，大疆先后进行过5轮公开融资，其中规模最大的一次为2018年以竞价融资方式获得的10亿美元战略融资。

按照正常的融资路径，一个公司往往需要进行五六轮的融资（见图9–1），才能看到IPO（Initial Public Offerings，首次公开发行股票）的希望。

第一，种子轮。通常是创始人和合伙人出资，注册公司，启动项目。

第二，天使轮。融资规模通常不大。

第三，A轮。如果公司发展不错，会有风险投资跟进。

第四，B轮。公司在资金助推下，迅速发展起来。

第五，C轮。公司做到行业前三，更多资本进来。

第六，D轮。公司看到上市希望。

图9–1 公司常见融资轮次

IPO几乎是所有创业者的梦想，也是外部投资者最理想的退出方式。通过IPO，投资者可以得到较丰厚的回报。创业者和企业管理人员也比较青睐这种退出方式，因为它既表明金融市场对公司良好经营业绩的认可，同时又可保持公司的独立性并获得在证券市场上持续筹资的渠道。

据统计：一个VC（Venture Capital）投10家企业，平均只有一两个能成功IPO，还有一两个可能卖掉，更多的只能等待，看它们是否有一天能够长大，其中有很多可能是颗粒无收，全部赔掉。

尽管从回报角度来说，IPO是大疆投资人最期待的方式，但汪滔始终没有向投资人承诺大疆上市的时间，而是给出了D类股的退出方案，在3年锁定期满后，投资者可要求大疆进行回购，价格按投资成本价计。

2018年进行战略融资时，大疆给出的官方文件显示：公司每年将公布两次退出的时间段，届时亦将公布官方最新估值（按照25倍PE核定，净利润按最近12个月的营收数据计）。届时有意退出的投资者可提出申请。

2018年，在高增长和高回报面前，汪滔的竞价融资以及强硬的态度，投资商还都可以忍受。

战略融资完成之后，大疆的高增长不再，营收和利润增速放缓。2018年大疆的估值一度高达240亿美元，然而几年过去，大疆在市场上的估值基本还在上一轮的区间，甚至还要低一些，在150亿美元到200亿美元之间。

这意味着，2018年进入的投资者从账面上看并未获得多少回报，而大疆对于上市规划又讳莫如深，这让投资者渐渐失去耐心。

近年来，大疆在资本市场的声音越来越微弱，其准确估值也成了一个谜题，外界不得而知。

汪滔为什么一直不进行IPO呢？原因无外乎以下几点。

第一，大疆增长乏力。

2018年，大疆既是幸运的，又是不幸的。幸运的是，业绩尚处于巅峰时期的大疆完成了最后一轮战略融资，且获得了不错的估值，股权融资的价格很不错。不幸的是，2018年也是大疆发展史上的一个拐点，相对2018年之前高歌猛进的增长态势，在2018—2019年，大疆的营收和净利润增速双双放缓，均不及2017年的表现，高增长不再。

2020年，新冠肺炎疫情暴发，给大疆的业务带来了很大冲击。有业内人士称："玩无人机的大概都知道今年行情不好。航拍圈的直观感受是买的人少了。"

大疆公关总监谢阗地称："2020年疫情中上半年的营收同比2019年增长超20%。"不过他强调，这个数据没有详细核算，不算是官方发布，但即使同比增长率确实是20%，也远低于2014—2017年的年增长率（分别为257.7%、120%、63.5%、79.6%）。

在增长乏力的情况下，即使强行IPO，也很难在资本市场上得到理想的溢价，反而不如不上市。

第二，大疆并不缺钱。

IPO的一个重要目的是融资。问题是大疆并不缺钱，即使营收和净利润增速放缓，但其基数还在，大疆仍有可观的利润、现金流和现金储备，并不缺钱，也就不急于上市。

第三，新的业务领域尚待释放。

在一些投资人看来，大疆该有的增长还没有完全释放出来。

近年来，除了传统的消费级无人机领域，大疆还在行业级无人机、医疗影像、教育机器人、自动驾驶等领域进行布局，在农业植保无人机领域，大疆已成为行业头部企业，同另一头部企业极飞科技的规模差不多。据公开报道，极飞科技农业无人机业务营收已超10亿元。

而其余新业务板块的效果还未呈现出来，对公司IPO估值的贡献有限，大疆方面显然是希望等该部分业务充分释放之后，再考虑IPO。

第四，不想被资本裹挟。

一旦公司成功IPO，就将成为公众公司，汪滔和其管理团队要接受相应的监督和监管，大疆很可能会受到资本的侵蚀，这对于性格强硬的汪滔来说，可能需要一个适应的过程。

实际上，关于大疆的IPO，外界也有过多种猜测和传言。

有投资人称大疆正在和券商进行接触，计划登陆科创板。但也有接触过大疆高层的投资人表示，大疆近期并没有IPO规划。

也有媒体报道称，有投资机构正在私下推介大疆新一轮的股权融资项目，并表示大疆将启动在香港上市的计划。

对于外界的IPO传闻，大疆并没有直接否认，只是回应“内部尚未收到IPO消息”。同前些年的口径“没有上市计划”相比，已经有了些许松动。

既然没有矢口否认，那么大疆就有IPO的可能性，让我们拭目以待。

5 汪滔：创新企业要敢于“走窄门”

2015年5月初，李克强总理赴中关村考察创业创新情况，问用手机拍照、合影的员工：“你们都用什么手机啊？”“苹果”“三星”“小米”“锤子”“华为”，众人争相回答，其中苹果、三星的声音更多一些，听完回答后，李克强总理感慨了一句：“还是苹果跟三星的多啊。”

总理的感慨既可以理解为对民族品牌、对中国制造在全球竞争中的弱势地位的焦虑，更是对其快速升级、品质提升的深深期许。

中国制造在全球产业链中的地位比较尴尬，制造业越来越空心化，缺乏自己的核心技术和品牌。以往简单的模仿和山寨之路，越来越行不通。

在深圳电子产业基地，山寨的能力强到了什么程度？当苹果刚在大洋彼岸发布了Apple Watch，24小时之内我们就能在深圳看到山寨产品；深圳做的山寨iphone仅售700元，看起来跟真机一模一样……

一切看起来是那么值得“骄傲”，有性能、有外观，又好用，但就是卖不上价，就是不被人尊重，更与高品质和高附加值的品牌效应无关。

在国内，这种山寨行为无处不在。海底捞出名之后，走在大街上，不时能看到“海×捞火锅”“×底捞火锅”，令人啼笑皆非。海底捞的最大优势是企业文化，仅仅克隆个似曾相识的名字，有何用处？能骗得了顾客一时，还能骗得了顾客永久？

当年老干妈凭借独特口味和一贯的产品品质，赢得了很多消费者的青睐，产品火了之后，各地的投机者就出来了，无数的“XX老干妈”“老干爹”涌现了出来。老干妈的创始人陶华碧面对这种情况，毫不含糊地坚决维护自己的品牌，与那些投机者一个个地打官司维权打假。

陶华碧说：“大家可以公平竞争，要讲究正义和良心，你要有本事，自己去创造一个品牌，我觉得你是伟大的。但我们有一个品牌，你就仿冒、搭车，甚至去抢注，那不行，我创出来的，就得是我的。我这个人，真金不怕火炼，我不怕！”

结果，老干妈越打越火。而那些山寨者，只能在见不得人的角落里，赚些小钱。

山寨模仿别人，只能是偷偷摸摸；做出自己，才能堂堂正正。

对于创业者选方向的问题，创新工场董事长兼CEO李开复的建议是：

“一定要谨慎，不要去跟风，有很多创业者都会比较同质化地说什么最火就跳入什么样的领域。这个现象其实是很危险的，尤其是对小的创业者来说，如果创业者都在谈这个，当巨头都已经介入的时候，作为一个小创业者，你处于的地位是非常严重的劣势。

还有就是山寨问题，所有的新创业者一定要避开大公司已经明显做出不错的产品的领域。千万不要同质化地做很多人在做的。”

模仿和山寨带来的必然是同质化和价格战，是利润越来越微薄，行业成为竞争惨烈的红海，进入死局。

华为终端 CMO 邵洋说过这样一番话：“美国人把东西做出来，日本人做好，韩国人做便宜，中国人把东西做死，比如说电视机、小灵通等产品都是如此。”

这样做出来的企业，做出来的产品，永远没有竞争力，没有根基，缺乏品牌效应，随着消费者甄别能力的提升，这种投机取巧赚快钱的操作路子迟早会成为历史。

汪滔和他的大疆打破了这种怪圈。

2016年10月12日，在全国大众创业万众创新活动周暨第二届深圳国际创客周（简称“双创周”）上，大疆创始人汪滔向李克强总理和在座的国内外嘉宾发表了演讲。汪滔主张创新创业要“走窄门”：“西方有个说法叫‘进窄门’，引向失败的门是宽的，进去的人也多，引向成功的门是窄的，找到的人也少。”

《新约·马太福音》说：“你们要进窄门。因为引到灭亡，那门是宽的，路是大的，进去的人也多；引到永生，那门是窄的，路是小的，找着的人也少。”

进入“窄门”的创业者，埋头苦干，专注于研发，专注于产品的打磨。

进入“宽门”的创业者，炒概念，追风口，投机取巧，喜欢模仿和山寨，追求“短”“平”“快”。

第一，短。目光短浅，短线操作，见好就收，做一锤子买卖。

第二，平。平视对手，拒绝创新，模仿成瘾，山寨成风，没有追求，缺乏态度，更无信仰。

第三，快。追求赚快钱，为了赢利不择手段，更有甚者，什么黑心钱都敢赚。

汪滔带领大疆步入了“窄门”，他在演讲中提道：“回顾大疆创业十年的历程，我觉得我们做的事情很单纯，就是埋头苦干，一门心思做出卓越的产品，踏踏实实地创造社会价值。这种做法比较辛苦，要耐得住寂寞，很多人觉得是个‘窄门’，不愿意走。从我们的经历来看，这样的做法是对的。

相反，有不少创业的人喜欢赶风口、炒概念、投机取巧，这些做法门虽然宽，路虽然大，然而却无法带来实实在在的创新，既是对创新精神的误读，也是对创业环境的破坏。

我认为，‘大众创业、万众创新’就是鼓励大家各显神通‘进窄门’，不要再千军万马挤独木桥。那些尚未突破的技术、还未出现的设计、仍需培育的市场，正是创业的捷径。”

“走窄门”的汪滔，以技术研发为导向，追求完美主义，追求极致的产品，终将大疆无人机打造成了消费级无人机领域的王者、主导者和引领者，为中国制造正了名，也为总理交上了一份完美的答卷。汪滔在2016年“双创周”的演讲中谈道：

“2006年，我在深圳的一家民房内创业的时候，还没有人相信中国企业可以生产出世界一流产品。因为国内的不少企业，仍然习惯去做模仿者和跟随者，鲜有能够打动世界的科技产品。2016年，大疆占据了消费级无人机行业80%以上份额，让外国消费者对中国产品爱不释手。美国的《时代周刊》说，这是有史以来最具有影响力的50件科技产品之一。”